フランス父親事情

浅野素女

築地書館

pour tous les pères...

はじめに——フランスの男たちに今起こっていること

いま父親を考えることが急務だと思う。

恋愛も、子育ても、仕事も、——すべてを手に入れようと闘ってきたフランスの女たち、男たち。その多くが気づき始めている。

父性のない社会は生きにくい、ということに。

フランスの生活のあちこちに父親の姿がある。朝、小走りで保育園へ子どもを送りに行く父親。公園で子どもと遊ぶ父親。学校の保護者会で発言する父親。週末、大型スーパーでキャディーをいっぱいにして食料をまとめ買いする父親。ヴァカンス中、子どもを背負って山歩きする父親……。父親の姿が仕事場だけでなく、生活の場に見えるのはいい。なんとも言えぬ安堵感に心が満たされる。

フランスの父親たちを理想化するつもりは毛頭ない。フランスとて、男女の賃金格差は消えないし、家庭で家事をこなしているのはやはり圧倒的に女性が多い。ただ、女性たちが仕事をするのが当たり前のフランス社会では、決して仕事は男たちだけの聖域ではないし、仕事ばかりにかまけている男性がいるとしたら、さっさと離婚されてしまうのが落ちだろう。

フランス人が最も価値を置く「家庭」で、どういうパパであるかは、男性にとって死活問題ですらある。もちろん、その前に、父親が父親をやれる社会がなくては話にならない。学校などは、親が仕事をしているということを前提にして行事を組む。保護者会や教師との面接が夕方五時前にあることはない。日本とは生活時間がちがうから、一概には比べられないにしても、たとえば息子の通う公立中学校で、親子がいっしょに学校に出向いて成績表を受け取る時間は夕方六時～八時と指定されている。これなら父親も出番があるというものだ。

父親と母親が仕事と家庭を曲がりなりにも両立させている背景には、もちろん、家族手当や養育手当など、政府の強力な子育て支援策がある。だがそれ以上に、仕事の仕方や勤務時間が人間的だということが大きく貢献しているだろう。フランスのような週三五時間労働制はしょせん無理だとしても、日本の父親もせめて一日置きくらいには夕食の時間に帰れるようになるといい。

夕食の食卓に父親の姿がある。これは何気ないことでいて、実は非常に重要なことだ。毎日積み重なることだから、余計大きな意味を持つ。

かつて、「お父さんがいるから」と、おかずが一品多くなった、そういう権威としての父親を持ち出す必要はないが、母親がそうして一目置く存在としての父親の「権威」は、やはり子どもの成長に必要なのだと、父親を考察すればするほど痛感せずにはいられない。

権威というと、力ずくという意味合いがあるから、いつからか私たちはその言葉を嫌うようになった。威厳という言葉も誤解を招きやすい。だが、権威というのは、私たちが社会の一員として守るべき一線を示すものだ。「自由」や「のびのび」ばかりが尊重される社会で、その一線さえ私たちは鬱陶しく思ってないがしろにする傾向にありはしないだろうか。

しごく当たり前のことだが、社会というのは他人どうしの集まりであるから、一定の線引きがなくてはどうしようもなくなる。家庭も社会もぐずぐずになり、子どもも大人もエゴばかりが肥大してしまう。少子化の中で、親（特に母系）の視線に四六時中注視され、自分と他人の境界がよくわからない子どもが増えている。日本はすでに、そうした社会になっている。フランスもそうした状況が珍しくない。そんな中で、いま「父親とはだれ？」「父親とは何？」と問うことは急務だと思う。

フランスの現代のパパたちはけっこうクールである。仕事も家事も気負わずこなしている。と同時に、ごくふつうの人たちが、自分がどんな父親でありたいかを、しっかり考えて行動しようとしている。社会全体が「父親」に注目し、尊重し、その役割を飽くことなく追究し続けているからだと思う。

何も特別な威厳を身につける必要はない。父たちよ、ただそこにいてくれさえすればいい。子どもの生活の場に、日々、寄り添いさえしてくれればいいのだ。母親とは自ずとちがう父親の醸し出す体臭や態度や言葉が、日常の中、静かに降り積もってゆくだろう。ただ日本は、その「いる」ということからして、まだとても難しい社会なのにちがいない。

父親を考えることは、母親を考えることでもある。歴史を振り返れば、父親の強権は「力」や「支配力」としてはっきりと認識される。ひるがえって母親のそれはあまり問題にされることがない。しかし、母親の支配力は、目に見えにくいからこそ、時に恐るべき「暴力」にもなる。もちろん、母親の愛情はかけがえがない。だがその愛情が自己愛に偏ることなく十全に開花するためにも、父親という、天秤のバランスを取る存在が不可欠なのである。

ここで「父親」と言う時、それは血のつながった父親ばかりを指すのではないことを強調しておきたい。はっきり言って、形は問題ではない。本書で見ていただくように、離婚や再婚が多いフランス社会では、父親の役割は細分化され、父親を定義することはそう簡単なことではない。日本もしだいにそうなってゆくことだろう。

そう、父親の定義は実に難しい。父親のイメージはダイナミックに動きながら、この時代に焦点を結ぼうとしているが、結んだかと思うと、次の瞬間にはまたぶれる。しかし、それでも諦めずに、「父親って何？」と問い続けたい。なぜなら、繰り返すが、父性のない社会は生きにくいからだ。

本書は七章からなる。

第1章では、パリで取材した父親たちに、父親になることへの不安と苦悩を語ってもらう。同時に、フランス流「父親学級」や「父親手帳」を紹介したい。

第2章では、父性という概念が、ここ四〇年くらいの間にフランス社会でどのような変貌を遂げ、法律面に反映されてきたかを見てみたい。

第3章では、様々な男性に登場してもらい、「父親」への思いを語ってもらう。人の数ほど父親像があるのだから。

第4章では、父親を考える上で、避けて通れないフランス文化を支えるふたつの支柱、宗教と精神分析に触れたい。

第5章では、父性というものが西欧史の中でどのように位置づけられてきたかを俯瞰したい。少々堅苦しい章だが「父なるもの」を歴史的に理解する一助になると思う。

第6章では、ゲイ文化の浸透などによる男と女の定義の揺らぎを、広告やファッションの面から考えてみたい。父親である前に、その人はひとりの男性であるはずだが、果たしていま、男であるとはどういうことなのか?

第7章では、フランスの「父親学」の旗手を何人か取り上げて紹介したい。「父親学」と呼ばれる学問の分野があるわけではないが、父親というものへの考察の総体をそう呼ぶとすれば、フランスは「父親学」先進国であるかもしれない。

父親である人、母親である人、親になろうとしてなれなかった人、そして父親でも母親でもない人たちと、私はこの書を分かち合いたい。親でなくとも、みな誰かの子であることはまちがいない。その地点へいつも立ち返ってみる姿勢を忘れずに。そうすることで自ずと、「父親って何?」という問いが、本来の奥行きを持って立ち現れてくるように思われる。

フランスの父親たちが、日本の父親たちに比べて、特別進歩的だというわけではないし、どちらがよいとか悪いとかいう話ではないことは、ここではっきりお断りしておきたい。

条件がちがうものをただ比べても仕方ない。

ただ、ちがう文化や国に向き合った時、私たちはそこに投影される自分の影に気づき、はたと振り返り、より客観的な視線を自分の実像に投げかける契機を掴むことができると思う。私がフランスの父親たちを語るのは、ひとえにそのためである。

目次

I章 パパになった

ジャン——出産に立ち会う

刺すような冷たい空気を両の頬に受けて、ジャン（三四歳）は足早に歩いた。両手は深くポケットに突っ込み、首は鼻先までマフラーに埋めて。三月に入ったというのに、朝は氷点下という季節外れの寒さだった。マフラーから漏れる息が白い。しかし、からだの芯は熱かった。その熱さは、今朝初めて腕に抱いた我が子の体温だったかもしれない。交差点まで来た時、みぞおちのあたりにうずいていた熱い塊が溶け出し、ジャンの四肢の先へ流れ込み、あっという間に縮こまっていたからだを内側から押し広げた。

パリ十二区、ロータリーのまわりを車がひっきりなしに行き交い、セーヌ川の方から上がってくる道と、東のヴァンセンヌの森へ下りてゆく大通りはかなりの混雑だった。メトロの入口前のカフェのガラスが、蒸気で曇っている。これから家へ戻り、会社へ一報して、妻が出産したこと、今日から二週間出産休暇を取ることを伝えなくてはならない。前もって上司や同僚たちに仕事の引き継ぎを頼んであるので、問題はないはずだ。それから着替えをして、昨夜慌ただしく後にした部屋を片付けて、また産院へ戻るつもりだ。

信号待ちする人の群れに向かって、風がひときわ冷たく吹きつけたが、ジャンはむしろ熱い渦が巻きやまない体内を冷やすかのように、深く息を吸った。その瞬間、思わず声に出して叫びそうになった。

「パパになったんだ!」

産院に妻ファビエンヌ(三三歳)を連れていったのが昨夜十時頃。満月の夜だった。そのせいかどうかは知らないが、予約していた私立の産院は出産ラッシュに見舞われ、三つあるはずの産室すべてが塞がっていた。まだ妻の陣痛は間遠だったから、それほど焦りはなかった。診察をした助産師は、てきぱきとした動作を一時も休めることなく、たぶん明日になるでしょう、と告げた。ジャンとファビエンヌは廊下で産むことになったらどうしよう、と冗談まじりに笑い合ったが、その可能性も高いと、内心はかなり不安だった。

しかし、行列待ちの出産は順調に進み、夜中過ぎには、三つあるうちのひとつの産室が空いた。子宮口の開き方はまだまだの状態だったから、ファビエンヌは出産台で一夜を過ごすことになった。わざわざ申し出る必要もなく、看護師がジャンのために簡易マットレスを運びこんでくれた。産室に父親が泊まるのは、珍しいことではないのだろう。ファビエンヌの横たわるベッドの下、直接床に置かれたマットレスの上に、ジャンは服のまま横たわった。

妊娠を告げられた時の情景がふと頭をよぎった。ファビエンヌの笑顔が大写しになる。あの時、何か突き上げるような生理的な感覚が込み上げてきて、ジャンは自分の反応に自分で驚いたほどだった。自分を男だと、あれほど強く感じた瞬間はなかった。男の性が、成就を見た瞬間だった。

出産台の横で徹夜を覚悟だったが、昼間の仕事の疲れも手伝って、ジャンは不覚にも眠りに落ちてしまった。周囲の騒がしさに目を覚ますと、もう明け方だった。気づけば、ファビエンヌのおなかに巻きつけられた装置から伝わる赤ん坊の心拍音が部屋中を満たしている。それは高まったり、遠ざかったり、一定の間隔で満ちては引く波のように際限なく繰り返されていた。

ファビエンヌは産院の出産準備講座で習った通りの呼吸法をして陣痛を逃そうとしていた。だが、どうにも不器用だ。妻の枕元に座り、手を握る。必要もないのに、妻の顔に何度も水分補給用スプレーを吹きかけて怒られた義兄のエピソードが頭をよぎる。こういう時、男は手持ち無沙汰でついしなくてもいいことまでしてしまう。

ファビエンヌに、出産の間は枕元に座っていてくれと言われていた。股の間で起こる出産の瞬間は本人さえ目にしないのだから、見ないでくれと言われていた。赤ん坊が出てくる瞬間をヴィデオ撮影する父親もいるが、ジャンはそこまでする必要は感じなかった。赤ん坊が産道から出てくる様子を目にしたため、そのショックで後に、妻と性交できなくなった知人を知っている。出産に立ち会うのは当然だと思うが、自分の役目は枕元で妻を励ますことだろう。たいした役には立たなくても最後までそばにいてやりたい、とジャンは思った。

初めての出産の時が近づくにつれ、不安からか、恐怖からか、膝を立てた妻の両脚は時々震えていた。ジャンは、その脛に手を置いてゆっくりさすった。背中に当てるクッションがほしいとファビエンヌが顔を歪めて言う。背中がつるように痛むらしい。ジャンは、クッションになるような枕をもらおうと、看護師を探しに産室を出ていった。助産師たちは、べったりひとりの産婦についているわけではない。何人か掛け持ちで出たり入ったり、ツボを押さえてそれぞれの出産の進行を見守っている。担当医はまだ姿すら見せない。ようやく枕をもらって産室に戻ると、何か食べてきたら、とファビエンヌが言う。ジャンは言われて、そういえば腹が空いたな、と気づく。産院の自動販売機でチョコバーを買って食べた。

それから間もなくして、「その時」はやってきた。

何度も、何度もいきみながら、ファビエンヌはもうだめだ、もうもたない、と弱音を吐いた。ほとんど泣きそうである。もうすぐだよ、もうちょっとだよ、がんばれ。ジャンが言えるのはそれだけだった。助産師が言う。さあ、次の陣痛の波が来ますよ。私が合図したら、力一杯押し出してくださいね。いいですか、そら、いきますよ！

部屋中に赤ん坊のものとは思えぬ心拍の大音響が満ち、ジャンとファビエンヌの上に高波となって襲いかかる。気づけば、いつ現れたのか、毎月の定期検診で見慣れた産科医が、妻の高く掲げた両脚の間に白衣姿で陣取っていた。その素早さにはさすがにびっくりした。必要な時にはちゃんと現れる。非日常を日常として生きている産科医の生活を、ジャンは想像してみようとした。しかし、そんな暇はなかった。いきんで真っ赤になる妻の顔と、ほら、頭が出てきましたよ、もう一息、と冷静沈着に声を掛ける助産師の声。ジャンは正直言って、その間、自分が何をしていたのかよく思い出せない。

医者の両手が何かを取り上げたのが目の端に映った。それとほぼ同時に、赤ん坊がファビエンヌの腹の上に乗せられていた。

それはきれいな男の赤ん坊だった。ジャンはもっと血にまみれた醜悪なものを想像していた。つるんとして、まるで風呂からいま上がったかのような、小さな生き物。これがぼくの息子……。

　ジャンはファビエンヌと赤ん坊の両方を腕にくるむように抱きしめた。予想外の静けさの中、赤ん坊は小動物のようにうごめいていた。まだ息が荒いファビエンヌを見ると、目にうっすらと涙を浮かべている。

　さあ、臍の緒を切ってください、と差し出された鋏を手に、臍の緒というものを目にしてジャンはひるんだ。こんなに太いものなのか。鋏を当てると、それは驚くような抵抗力を示した。テープカットのように、チョキンと切れるような代物ではなかった。母と子をつないでいた生命の管。ジャンは不器用な仕草で、ようようのこと、ぬるぬると鋏を逃れようとする管を切った。

　ふと顔を上げると、医師の白衣は真っ赤な血に染まっている。そんなきれいごとではなかったんだ、とジャンはいまさらのように思った。

　さあ、お母さんが休んでいる間、お父さんはついてきてください。

　新生児係が事務的な手つきで赤ん坊をさっと抱きかかえ、父親を隣の部屋へ導いた。赤ん坊の鼻に管を入れて、洗浄をする。体を洗い、服を着せる。ずいぶん乱暴に扱うんだな、とジャンは看護師の手つきにハラハラした。ジャン自身は手持ち無沙汰で、助産師の一挙手一投足を見守るばかりだった。後で聞いたところによると、ジャンがこうしている間に、なかなか出てこない胎盤を体外に出すため、ファビエンヌは腹部を押され、出産の後処理がなされたらしい。あまり気持ちのいい作業ではないから、父親は外へ連れ出されるのだろう。でも、正解かもしれない。こうして息子の初めての入浴、初めての着替えに立ち会えた。母親のファビエンヌも目にしていない場面を、自分はきちんと脳裏に焼きつけた。

出産における父親の役割は何なのかなどと大上段に構えるより、ただそこにいる妻と子どもとともにある、それだけでよかったんだ。振り返って、ジャンはそう思っている。

父親手帳――手帳交付という儀式

おそらく、幾万の父親が体験したであろう出産の瞬間。それは父親の数ほどそれぞれ異なるものであるにちがいない。

父親が妻の出産に立ち会うことも、出産休暇を取ることも、いまでは少しも珍しいことではなくなった。ジャンとファビエンヌの出産体験は、日本のそれとそう大差ないかもしれない。しかし、ふたりにとってはふたりだけの、いや赤ん坊も入れて三人だけの、二度とない人生の大イヴェントだったはずだ。その思い出の重みは、新しいいのちの重さに等しい。

フランスの合計特殊出産率は二〇〇六年、二・〇に達した。先進国の中ではかなり高い。ヨーロッパ諸国の中でアイルランドと肩を並べている。三人ほしいところだけれど二人にしておく、というのが大部分のカップルの現状だろう。ちなみにEU諸国の平均は一・五。イタリア、ギリシャ、スペイン、ドイツはそれを下回る一・三に留まっている。

ジャンとファビエンヌは結婚していない。これから考えることもあるかもしれないが、結婚という選択肢はいまのところない。結婚していないことで不利益をこうむるようなことは、いままで一度もなかった。子どもが生まれても特別変わることはないだろう。

フランスでは、結婚していないことが障害になることはない。職場でも、保育所や学校でも、結婚しているカップルと扱いは同じだ。父親が出産休暇を取るのにも何の支障もない。いまでは、生まれる子どもの、なんと半数の親が結婚していないカップルだ。半数というのだから、婚姻が子どもを持つための必要条件であった時代はとうの昔に終わったと言っても決して過言ではないだろう。

二〇〇七年春の大統領選では、初の女性大統領候補が立ち、注目された。社会党を代表して大統領候補となったセゴレーヌ・ロワイヤルである。彼女の伴侶は、オランド社会党書記長。ふたりは結婚していないが、四人の子どもの親として長年いっしょに暮らしている。ロワイヤルは何度も大臣職を務めており、カップルで政界のトップを切るのは並大抵のことではないだろう。「夫」を抑えて「妻」が大統領候補になるだけでもすごいことだが、ふたりの婚姻関係の有無が問題になることは一切なかった。

ジャンも、フランスのほかの父親たち同様、「父親手帳」なるものを手にした。これはフランスの健康保険機関から、父親になる男性、またはなった男性に送られるもので、二〇〇二年、当時のセゴレーヌ・ロワイヤル家族・児童担当大臣が社会党政権下でスタートさせたものである。

母親は妊娠すれば自動的に母子手帳の交付を受ける。フランスの母子手帳は、手帳と言っても定期検診の日付が入ったごく簡単なものだ。妊娠出産に伴う費用を健康保険でまかなうための手続き用必要書類の束にすぎない。それでも母親は、妊娠が確認された時点から、母子手帳の交付を受けることによって、社会から母親として認知される。それに比べて父親はどうだろう。妊娠出産は母子だけのものではないのに、父親は存在しないかのような扱いだ。父親だって、父親として社会から認知されて当然だ。

こうして二〇〇二年、「父親手帳」が誕生した。これはいかにもフランス的エスプリが効いた粋なアイデアだ。

さらに同年、父親の出産休暇が、従来の三日から二週間に延長された。三日と二週間ではまったくちがう。母親が病院にいる期間、新生児を家に迎えて落ち着くまでの期間を、父親も母親と子どもとともに過ごすことがこれで可能になったわけだ。二一世紀に入って、父親への配慮は大きく前進したと言える。

父親が子どもの世話をしないと言われるが、それはもしかしたら、社会の方の気配りが足りなかったのかもしれない。社会ばかりではない。

「父親手帳が送られてきた時、ちょっと考えさせられたわ。妊娠中の自分の身体の変化についていくのが精一杯で、それまで、なんだかジャンを疎外していたかもしれないって。ジャンは子どもの父親なんだし、これはふたりの共同事業なんだから、もっと分かち合って、甘えるところは甘えて、ふたりで乗り切っていこうって、そう思えたの」

と、ファビエンヌは回想する。

ジャンの「父親手帳」を開いてみよう。手帳はこう始まる。

「この手帳は、父親であるあなたのためのものです。

妻ないし伴侶とともに、あなたは子どもの誕生を待っています。あなたもあなたなりに子どもをこの世に送り出すわけです。あなたも、その子が成人するまで育てることを誓うわけです。母親にとってと同じくらい、父親にとっても、子どもの誕生を待ち出産を経験することは、自身に大きな変化をもたらす出来事であると、あなたは感じているはずです。

この父親手帳は、あなたの立場と役割を明確にするためのものです」

このように、高らかに父親宣言がなされる。その後、民法の規定する親子関係、父親の権利と義務についての説明が続く。出産休暇、養育休暇、家族手当などの諸権利についても簡潔な説明があり、子どもの権利と義務のまとめで締めくくられている。末尾には、公の関係諸機関のリストが添えられている。

ところどころには、有名無名の父親たちの言葉が、詩の言葉のようにちりばめられている。たとえば、神経精神科医で行動心理学者として名高いボリス・シリュルニックの言葉。

「もはや父親は、かつてのように子どもたちが畏れると同時に憧れた、遠いところにいる偉大な英雄ではない。愛情と、日常と、そして社会における数々の冒険を、かつてないほど子どもたちと身近に分かち合うことで、私たちは父親になっていくのである」

ある無名の女性のこんな言葉もある。

「父は私たちきょうだいにあまり愛情を注いでくれなかった。愛情どころか、いっしょに遊んでくれることも、アドバイスをもらうことも、束縛されることもなかった。それで長いこと、父親はそういうものだと思っていた。それに比べ、私の子どもは本当に恵まれている。パパはいつもそばにいて、やさしく、楽しく、頼り甲斐がある。私が与えてもらえなかったものすべてを子どもは受け取っている」

まるで国が、「ほら、お父さん、しっかりしてください。期待されていますよ。いいお父さんになってくださいね」、と父親たちのお尻をたたきつつ励ましているかのようだ。

社会学者のクリスティーヌ・カストラン＝ムニエの言葉も引用されている。

「何より父親が自らその『場所』を獲得することが重要である。なぜなら、子どもたちが父親に与える『場所』、そして社会が認める『場所』は、父親自身がどう参加し、どうかかわるかにかかっているからだ」

この場合の「場所」という言葉は、「役割」とか「位置づけ」という言葉に置き換えた方が日本語で理解しやすいだろうが、フランス語では本来の「場所」という意味を引きずったままよく使われるので、そのまま訳してみた。

共同体のもとで執り行われていたありとあらゆる儀式が社会から姿を消しつつある。カトリック教徒の堅信式のような宗教的な儀式はもとより、結婚の儀式までどんどんなくなりつつある。儀式は単なる形式の問題ではなく、共同体の援護と力添えを受けてひとりの人間が次の段階へ飛躍するための手だてであった。非情な時間の流れにあえて節目をつくり、共同体の後ろ盾を得ることによって、人は前へ進むことができた。

それに、個人にとって過去はいつだって心地よい。過去に訣別するためにも、個人の範疇を超えたレベルでの儀式が必要であった。「父親手帳」は、大人になるための儀式がすっかり失われてしまった現代の社会で、儀式に代わる何かであろうとしているのかもしれない。

ひるがえって、「父親手帳」の存在は、現代の父親たちの不安と迷いの反映でもあるだろう。かつて、父親という言葉には、ひとつの明確なイメージがあった。仕事に打ち込み、家族を養い、叱る必要がある時にはびしっと叱って存在感を示せば、後は母親任せでもよい――そんな社会の暗黙の了解があった。だが、一九七〇年代後半から急速に広まったフェミニズム思想、女性の社会進出、避妊手段の発達、中絶の権利の確立などによる劇的な男女関係の変化の波をもろに受けて、父親はいつの間にか権威を剥奪され、そのイメージは輪郭の曖昧模糊とした影法師のようなものに堕してしまった。

何がいい父親なのか?
父親にしかできないことってあるのだろうか?
父親の役割って、なんなのだろう?

父親が出産に立ち会うことだって、ひと昔前までは考えも及ばないことだった。だから、どのように立ち会うのが正しいのかを、一世代前の父親から学ぶことは無理だ。ところがいまや、妊娠中の妻を助けなければ、いい夫、いい父親としては認められないのだから困った。妻を助けるというのは、単に買い物をするとか、家事をするとか、そういうレベルのことなのだろうか。

現代の父親たちは、道なきところに道をつけてゆかねばならない、まさに新世紀の開拓者なのである。

父親はもちろんのこと、男性のイメージそのものが、一九七〇年代から急速に失墜してきた。男が男である所以はなんなのかと、だれもが問わずにはいられない。それを一番問うているのは、もちろん男性たち自身だろう。

そこで一九八〇年代に入ると、フランスでは「めんどりパパ」と呼ばれる父親たちが出没し、活躍した。つまり、おむつも替えます、ミルクもあげます、お母さんがすることは何でもします、というタイプの父親だ。それはそれで、ひとつの前進であった。だが、子どもにとって、母親はふたり必要ない。子どもが必要としているのは、母親とはちがう、しかし母親と同じくらい身近な「もうひとりの人間」だ。

一九九〇年代、改めて父親の重要性に気づいたフランス社会は、共同親権にまつわる法律を整備し、急ピッチで父親のいわば権利回復作業を進めた。それは、フェミニズムの勢いでいったん吹き飛ばされてしまった父親の「場所」が再認知される過程だったと言えるだろう。

そしていま、二一世紀に入ってからも、父親像の模索は続いている。その象徴のひとつが、この「父親手帳」である。「父親手帳」に至るまでのフランス現代父親史をもう少しくわしく辿る前に、いま一度現場に立ち戻って、父親たちの声をいくつか掬い上げてみたい。

マルク——
父との「失われた時」

「ぼくは、ずいぶん遅く四三歳でパパになったから、考える時間はいっぱいあったね。十年くらい前から子どもを持ちたいと思い始めて、二、三年前にはもう心の準備ができた気がした。そろそろ、ひとりの人間に責任を持ちたくなったのかもしれない。もともとぼくは七人兄弟の三番目だし、子どもの面倒を見るのはけっこう慣れているんだ」

マルクは脚本家で演出家。伴侶のシルヴィア（三七歳）とともに劇団を主催している。仕事場兼自宅のサロンには光が溢れている。窓の向こうには新しいマンションが立ち並ぶ。クリーンだけれどどこか味わいに欠ける町並みが眼下に広がっている。ひとつだけ、少し離れたところに温かみのある煉瓦造りの建物が見える。いまは廃墟で、そのうち取り壊されてしまうそうだ。

「パリでも、ああいう趣のある建物がどんどん壊されていくのは、本当に残念だよね」

と、マルクはだれにともなく呟く。隣の部屋では生まれて一ヶ月足らずの娘アンナをシルヴィアが寝かしつけている。

マルクは芝居を作ったり、脚本家や役者のための研修会を開催する仕事で、アンナの誕生後も忙《せわ》しない毎日だ。自由業なので、時間があれば赤ん坊を風呂に入れ、おむつを替え、できることは何でもやる。自分は「めんどりパパ」だと思う、と自分で言っている。だが、かえって自由業だから、当てにならない面もあるようだ。赤ん坊はそれこそ二四時間目が離せない。父親が「できる時だけ」かかわるのは、もちろん何もしないよりはいい。だが、結局は母親に負担の多くがいくようだ。

フランスでは、芝居・映画・テレビで働くフリーの人たちは国の保護を受け、特別失業手当によってある程度の生活を保障されている。アーティストたちはサラリーマンのように会社に出てゆくわけではないが、公演がないからといって遊んでいるわけでもない。クリエーションには準備とか充電期間とか企画を立ち上げる時間が必要だ。そうした期間も生活していける最低保障がないと、創作活動を続けることは難しい。この考え方には賛否両論あるかもしれない。保護を受けて創作活動なんて甘い、という見方もあるだろう。だが、フランスの場合は、国がアーティストの生活を特別失業手当支給の形で支援する道をとっている。

テレビの技術者などもこの部類に入る。たとえば、フリーのテレビカメラマンもそうである。こうした制度があるせいかもしれない。フランスで、働き盛りの男性が「昼間からぶらぶら」していることは決して珍しくない。朝、家を出て、夜帰ってくるサラリーマン的生活は、数多くある生活スタイルのひとつにすぎないのである。

日本の治安も悪くなってきたが、フランスはその上をいくので、小学校中学年くらいまでは、親か親に代わる大人が必ず子どもの送り迎えをする。学校は午前八時半に始まり、午後四時半に終わる。これは幼稚園から小学校まで変わらない。幼稚園は教育省管轄下にあり、学校教育の一環として位置づけられている。幼児も小学校一年生も、基本的には四時半まで学校がある。幼稚園や小学校の門の前は、その時間になると、迎えの親たちで溢れる。そうでなくても狭い道が、歩行者が通れないほどいっぱいになる。迎えの親の中には男性の姿も多い。この人たちは仕事がないのだろうか、と首を傾げたくなるかもしれない。たしかに失業率が高いフランスのこと、中には失業者もいるだろうが、それぞれが様々なリズムで仕事をしているので、父親が午後四時半に迎えに行くことも可能であり、そう珍しくないのである。

実際マルクも、妻と共同で仕事をしているため、互いに時間の融通をつけ合って助け合えばなんとかやっていけるだろうと、今後のことはそう心配していない。

さて、マルクたちの出産準備はどうだったのだろう。現代的なカップルらしく、情報を駆使して、よいと思われることはみんな試み、準備は万端だった。まずアプトノミーに通じている助産師を探して妊娠期間をフォローしてもらった。

アプトノミーとは、主に手による身体接触を活用するオランダ生まれの心理療法だ。フランスでは出産準備に活用されることが多いが、まだ決して一般的とは言えない。意識の高い人たちの「贅沢品」かもしれない。フランスの心理学者として一時代を画したフランソワーズ・ドルト（一九〇八―八八）の娘カトリーヌ・ドルト＝トリッチがアプトノミー専門医としてよく知られている。接触によって胎児とのコミュニケーションをとる方法で、胎児は慣れてくると、腹部に置かれた母親と父親の手に反応するようになる。これによって、父親も胎児とコミュニケーションをとることができる。逆子をアプトノミーで治療することもできる。出産時も、手によるコンタクトで自然な出産を実現する確率が高まる。

こうした斬新な手法を、マルクとシルヴィアも積極的に取り入れて出産準備に励んだ。ほかにも鍼治療やヨガなど、出産時の母体への負担を軽減して自然分娩を成功させるため、万全な準備をした。現代的な、実に熱心な親の典型だと言える。

しかし実際の出産の場では、会陰切開も鉗子分娩もしなくてはならなかった。

「学んだことが何ひとつ生かせなくてがっかりしたね。だいたい、産院に着いた時、出産に苦しむ女性の叫び声が聞こえて、もうパニックに陥ったよ」

これほどに、出産、その後に続く育児というのは、だれにとっても予想や期待を裏切られる過程の連続である。

「父親の役割？　そりゃ、愛情を注ぎ、ある程度の生活を保障して、子どもの成長を見守ることだろう。人間って、半分は自分でも、半分は先祖から受け継いだ、自分とは呼べない部分があると思うんだ。そうしたものも含めて伝えていくこと、それが父親の役割だと思う」

進歩的インテリ層に属するマルクの言葉は、少々驚きではあった。「先祖」という言葉が飛び出すとは思わなかった。だが、子どもを持とうとする時、また持った時、自分を超えた存在の力に思いを馳せない人はいないかもしれない。

マルクは遠い目になると、教師だった父のことを語り始めた。厳しかった父と桎梏があって、三〇代半ばまで会わない時期があったこと。父の家系には、三〇年経つと父親から息子に受け継がれる時計というのがあったこと。父はマルクの生き方を認めてくれなかった。マルクはその時計を受け継ぐことができなかったこと。三〇歳の時、その時計を受け継いだ父親は、六〇歳になった時、時計をマルクの妹の息子に贈ってしまった。そんなことをぽつりぽつりと語り始めた。

祖父から孫に贈られた時計が象徴するものはなんだったのだろう。孫より、できれば自分の息子に贈りたかったことだろう。いまの時代に男の子とか女の子とか言うのは差別だ、時代錯誤だ、と反発する向きもあるかもしれない。

しかし、男から男へ、父親から息子へ、そこへ込められる思いはたしかにあるだろう。思いがある以上、それを習慣や伝統に引きずられた無意味な行為だと断罪することはできない気がする。男であること、父親であること、それは女であり母親であることとはどこかでちがうはずだし、ちがっていいのではないか。同じ性を分かち合う者どうしの思いというものがあっていいのではないか。この点は、ここではこれ以上深追いしないでおこう。ともかくも、自分に贈られるはずだった時計を、マルクはもらえなかった。父親をある時期、自分から拒絶したのだから、自業自得でもある。そしてずっと後になって、父親を受け入れることができるようになった時、ようやく自分が父親になる覚悟も生まれたような気がしている。

時計はマルクの手から永遠に失われてしまったわけだが、いま、マルクは、父との「失われた時」の綻びを繕うように、ひとりの女児の父親として歩き始めた。

父親学級

パリ北東部と境界を接するのがリラの町である。そこにあるリラ産院は、充実した父親学級があることで知られる。ジェラール・ストルック医師がその生みの親である。医師からゆっくり話を聞くには、何度も産院に足を運ばねばならなかった。約束を取っても、そのたびに緊急の患者が運び込まれてきたり、出産が長引いたり、約束は次々とお流れになってしまうのだった。

現役の産科医として、出産という、人間の意思ではどうにもならない現象につき合うのだから、それは仕方のないことである。出産がなくてもやれ会議だ、やれ打ち合わせだ、やれ患者が呼んでいる、と息つく暇もない。玄関脇の狭い事務室で、押し寄せてくる仕事の波を振り切るようにストルック医師が私の前に座ってくれた時は、正直言ってほっとした。産院には彼専用の部屋があるわけではなさそうだ。院長格の立場にある人だというのに。

「もう三五年以上もここで出産に立ち会ってきました」

ストルック医師は柔和な笑顔を私に向けた。

三五年前と言えば、五月革命（一九六八年、学生運動激化）の嵐が鎮静した頃である。

五月革命を経て、女性たちは性の自由を謳歌し、産む自由、産まない自由を獲得していった。リラ産院は当時から、医療側に管理された受け身の出産ではなく、女性の意思を尊重し、女性が望むような出産の環境づくりと、精神面も含めてスタッフが伴走者となり、産む側に納得のいく出産の実現を目指している。無痛分娩の代名詞として知られるラマーズ法学派の流れを汲み、医者と患者のコミュニケーションを何より重視している。特別問題がない限り、産婦は出産の直前まで風呂に入ってリラックスしてよいし、どんな姿勢で産んでもかまわない。

リラ産院は特殊な病院である。非営利目的の民間団体という組織形態を取っている。組織は「子どもが自然かつ人間的に生まれてくるための環境整備」、また、「親が責任感を持って役割を果たすための性教育」などを使命として掲げている。そのため、民間団体の産院という特殊性を持ちながら、公立病院並みの扱いを受けている。営利が目的ではないのだ。おそらくこうした性格上、産院を代表する院長格の医者であっても、院長室のようなものは持たないのだろう。

「三〇年前と比べていまの親はどうちがうかって？　そうですね、母親の方はそんなに変わってないと思います。父親の方は、ずっとずっと責任感が強まった。みんなきちんと父親しなくちゃ、しっかりやらなくちゃ、と思っている。父親学級でも、参加者はノートを取ったりして、とてもまじめですよ。それはいいのだけど、その思いが強すぎて、やりすぎの人がいる。それが玉にきず、かな。母親の立場を侵害してしまうくらいの勢いの人もいます」

リラ産院の父親学級は名高い。二週間に一回、テーマを変えて、これから父親になろうとする人たちがストルック医師を囲んで対話する。たまに二人目、三人目の出産を控える父親もいるが、多くは初めて父親になる男性たちである。母親学級はどの産院でも行われているし、父親の参加も自由だ。男性の参加は病院側からも喜ばれる。しかしどこでも、なんとなく男性たちは小さくなっている。リラ産院のように、男性のための、男性しか参加できない会というのは珍しい。

「妊娠や出産について、フランスでは男どうしで話し合う習慣が皆無といっていいくらいだから、こうした機会はとても貴重なんです。男性たちが自由に話せるよう、女性は一応、参加禁止になっています。たとえば、妊娠中の性交で、胎児に監視されているような気がしてうまくいかない人とか、そうした非常にプライベートなことを男性が話すとなると、かなりの勇気が必要ですからね」

テーマは、まさに「妊娠とセックス」から、「授乳」「退院してきた妻子を迎えて」まで、実に多岐にわたっている。会はストルック医師が若い父親に何かを説いたり伝授したりする場ではなく、むしろ父親になる人たちが心に秘めた苦悩や不安を吐き出し、分かち合う場として機能している。もちろん義務ではなく、参加したい人だけが参加すればいい。

ストルック医師は「先生」というより聞き手であり、助言者であり、人生の先輩としてそこにいる。女性禁制の掟を破って私が立ち会わせてもらった会のテーマは、「出産の最中、父親は」であった。中庭に面したこぢんまりとした会議室で、出席者は八人。巻き毛のピエールは三〇歳くらいだろうか、一番手で、驚くほど素直に気持ちを吐露した。

「ぼくは血を見るのが怖いし、妻が苦しむ声を聞くのが怖い。未知のものへの恐怖なのかな……」。

トニーは別の言い方で同じ気持ちを表現する。

「ぼくも怖い。たぶん、自分の妻が苦しむ姿を見て、それに対して何もできないという事態に直面するのが怖いんだと思う」

二〇代初めくらいに見えるステファンはこう言った。

「最初は出産に立ち会うつもりはまったくなかった。でも、だんだんに、どういうものか見てみたいと思うようになったんだ。やっぱり、彼女を支えて助けてやりたいと思うから」

もうひとりのステファンは言う。

「ぼくも最初は出産に立ち会うのはいやだった。でも、少しずつ気持ちが変わってきた。ところが、今度は妻の方が立ち会い出産はいやだと言い出したんだ。彼女がいやだと言うのに無理やり立ち会おうとは思わないけど、ぼくとしてはその場にいたいと思ってる」

ストルック医師はそれぞれの発言にじっと耳を傾け、時々ノートを取っているが、即座に反応を返したりはしない。一通りみんながしゃべったところで、淡々と、こう語り出した。

出産とは、自分の母親を殺すこと

「こうでなきゃいけない、ということは何もありません。授乳だって同じです。母乳がいやだという女性がいれば、それはそれでいいんです。出産の形もそう。座って産んでもいいし、四つん這いでもいい。たとえ帝王切開になっても、私たちはあなた方お父さんを部屋から追い払うようなことはしません。かといって、出産に父親が立ち会わなくてはいけない、というように思う必要もまったくありません。

ただ、父親が出産の場にいることはとても重要なことです。何もできないと発言した人がいましたね。でも、愛情があればできることはたくさんあります。出産というのは思っていらっしゃるより、ずっと長い時間がかかる作業なんです。ただ話し相手になること、時間つぶしに雑誌を買ってきてあげること、痛いところをマッサージしてあげること、いっしょにその辺を歩くこと、何でもないことのように思えますが、そういうことがすごく大きなことなんです。そりゃ、そばにプロの助産師はついていますよ。でも、助産師はその出産に個人的な思い入れがあるわけじゃない。仕事としてそこにいるだけでしょう。だからこそ、父親であるあなたの存在はとても大きいのです」

ストルック医師の話ぶりは淡々としているが、その内容にはけっこう奥深いものが詰まっている。話の合間にさらりと、ぎょっとするようなことを滑り込ませる。たとえば、

「出産というのはまさに冒険です。それで死ぬことだってあるのですから」

医療万能主義の時代に、私たちは誕生と死がひとつのコインの裏表の存在であることを忘れがちだ。

別の場面で、医師はこうも言った。

「子どもを産むってことは、ある意味で自分の母親を殺すってことでもあるんですね」

非常にフランス的な言い方で、日本語で書くとどうもおどろおどろしくなるが、要は、

親になることで、母親との精神的な臍の緒を断つという意味だろう。親になることは、自分の親を親の座から追放することでもある。自分が親になり、こうして「世代」が入れ替わり、元の場所から押し出された世代は新たな自分の役割を受容せねばならない。これから親になる者の親たちがいつまでも祖父母の立場を引き受けようとしなかったり、子どもがいつまでも親になることを拒んだりするのは、ひとつの現代病であるかもしれない。この問題には後ほど再び立ち戻ることにしよう。

ほかの参加者に比べて年長らしいロイックが、それまでの沈黙を破って発言した。

「出産は見せ物じゃないと思うから、『立ち会う』っていう言い方が、ぼくにはどうも抵抗があるな。傍観者としてそこにいるわけじゃないんだし、参加するとか、いっしょに産むとか、そういう言い方の方がぴったりくるような気がする」

医師は大きくうなずいた。人の意見に耳を傾け、話すことで、自分がどんな風に出産に参加したいのかを、父親自身が見極める。それが本当の目的なのかもしれない。会話が進むにつれ、ぎこちない緊張が解けてゆき、会の雰囲気はしだいにリラックスしてきた。窓の外は中庭になっている。仕事の合間に一服する職員たちの姿が窓の向こうに見える。若い父親たちは徐々に鎧を脱ぎ捨て、自分の無知をさらけ出すことも臆さなくなっていった。出産にまつわるごく基礎的な質問が次々と飛び出す。

モニターって、何を測るんですか？

破水ってなんのこと？

ストルック医師は面倒くさがらず、ひとつひとつの質問に丁寧に解説を加えてゆく。羊水の説明をするのに、マジックでホワイトボードに胎内の絵を描き、出産のメカニズムを解説する。

「親戚の子が産院に辿り着いた途端、入口で出産してしまったって話を聞いたんですけど、やっぱり早めに来た方がいいんでしょうね？」

質問はいつまでも尽きることがなかった。どの父親も、自分たちの「場所」を求めて試行錯誤している。少なくとも、妊娠出産が女性たちだけのものである時代は確実に去ったのだ。

こうして質問を発し、他人の言葉にうなずいたり反発したりしながら自問自答を積み重ねることで、すでに彼らはパパになりつつある。リラ産院の父親学級は、こうして多くのパパの第一歩に寄り添ってきたのだ。妊婦がまわりの人たちや社会の助けを必要とするように、父親もまた、助けを必要としている。男性たちは、そうした自分の「弱さ」をもっと堂々と認めていいだろう。

私とふたりだけの事務室で、ストルック医師は、濃い顎髭に時々手をやりながら、父親学級を総括するように言った。

「最初から父親である人なんていませんよ。だれもが父親に『なる』んです。どうしたらなれるかって? それは、とにかく、『そこにいる』ってことなんじゃないでしょうか。出産の時、そこにいる。子どもが育つ間、そばにいる。簡単なことに思えるでしょう? でも、それこそが一番大切なんです。そう難しいことでもありません。父親が自分の心と身体で感じることに耳を澄まし、しっかり受け止め、感じたことに対し素直に行動すればいい。

まあ、あえて言えば、父親の役割っていうのは、『架け橋』になることでしょうかね。さっき言いましたよね、やりすぎる父親がいるって。母親になろうとする父親がいる。それはちょっとちがうんじゃないでしょうか。やっぱり、父親は『外の存在』なんです。母親と子どもの一体感から、一歩引いた存在。それでいて、子どもにとって、最も近しい人。その微妙さに父親の存在意義はあると思います。外界の空気を運んでくる存在と言ってもいいでしょう。子どもにとってどうしても必要な『媒介者』なんです。

子どもが泣いている時、泣くなとストップをかけるのが父親の役割だと言ったら、そんなこと母親だってできる、男だって女だって同じだ、と思われるでしょうか。でもね、母親というのは、子どもとなかなか距離が取れないものです。うまく距離を取る手助けをしてあげられるのは、父親しかいない。父親には、やはり父親にしか果たせない役割があると思いますね。現代の家庭では、子どもがおとなの関心を一身に浴びて、甘やかされて王様になってしまっている。だからこそ、父親がひとつの方向性を示してやることが、これからますます重要になってくると思います」

まだまだ話し足りなかったが、飛び込んできた看護師がストルック医師を慌ただしく連れ去っていってしまった。産院に休日はない。医師は、実生活では五人の子どもの父だと言う。

父親が産まれようとする苦しみ

著書『もうすぐパパになる』（ロシェ出版）の中で、ストルック医師は、長年にわたって親と子どもに寄り添った人でなければわからない細やかな分析を展開している。たとえば痛みについて。出産は痛みを伴う事業だ。リラ産院は、その痛みを軽くして出産への恐怖から女性を解放するため、ありとあらゆることをしてきた。妊婦体操、ヨガ、アプトノミー、胎児に聞かせる歌……。しかし、どんなに準備万端整えて出産を迎えても、産む者の恐怖は消えない。恐怖という言葉は強すぎるだろうか。いや、どんな女性も出産を前にして、死の影をまとった大いなる不安、つまり恐怖を感じるはずだ。それは生に対する畏敬の念であるかもしれないし、肉体的な痛みに対する単純な恐れでもあるだろう。

ストルック医師は著書の中で自分にこう問いかける。「私にとっての最初の痛みはなんだっただろう」、と。

彼が出した答えは、出産という冒険に対するこれ以上ない讃歌のように私には聞こえる。

「子ども時代の痛み、転んだ時の痛み、母親が慰めて消してくれたあの痛み。また、いつまでも消えずに私たちを打ちのめした、初めての恋の痛手。（中略）妊娠と出産は、その人の過去の体験のすべてを呼び覚ます。同時に、女性が母親へと生まれ変わる格好の契機となる。カップルは、これまですでに辛い体験を何度も分かち合ってきたにちがいない。だがいま、ふたりは手を携えて、出産の痛みの前に立つのだ」

痛みを軽減することに全力を尽くしながらも、ストルック医師は痛みの力を知っている。

「きっとふたりはこれまでも、ささいなことで何度も喧嘩をしてきたことだろう。新居が原因だったり、義父母との仲が原因だったり……。でも、出産をともに体験したいま、ふたりは、いっしょに闘うということがどういうことなのかを学んだはずだ」

出産が女性にとってたいへんなのはもちろんだが、大部分の父親にとっても、出産は女性とちがった意味で痛みを伴う過酷な経験なのだ。出産に立ち会って気分が悪くなり、別室で寝かされることになる男性は意外と多い。女性の苦しみを前にして、自分はその苦しみを分かち合えないという罪悪感から、二番目の子どもはいらないと思ってしまう男性もいる。出産の時、なるべくなら下半身麻酔をしないで産みたいと思っている場合でも、女性が求める前に、つき添っている男性の方が麻酔医にＳＯＳを出しに走るケースも多いそうだ。下半身麻酔をしたところで、痛みが魔法のように完全に消えるわけではないし、いずれ、多少の痛みは避けられない。会陰切開の痛み、初めての授乳の痛み……出産は、その前にも後にも、たくさんの痛みを伴う。

「妻は痛い思いをし、ぼくは苦しんだ」

ストルック医師の著書の中に登場するある男性の端的な言葉だ。

大切なことは、出産を通じて男性もまた苦しむということを、女性も、周囲も、十分に認めることではないだろうか。彼らの苦しみが存在しないかのように、女性のそれに比べて遥かに取るに足りないものであるかのように振る舞うのではなく、その苦しみに名前を与えてやることではないだろうか。それは母親の「産みの苦しみ」に対し、「父親が産まれようとする苦しみ」であるはずだ。

その苦しみを通過した時、「ぼくに何ができるんだろう？」という問いは自ずと掻き消え、ひとりの父親が、そこに姿を現しているはずだ。

2章 父性をめぐる現代史

父親の不確実性

父親とは何か？　という問いへの答えは、父親をどう定義するかでまったく変わってくる。血のつながりがある人を父というのか。血のつながりがなくても、法律上父親である人を指すのか。特別自分に愛情をかけてくれた人や恩師を、象徴的な「父親的存在」として敬うこともあるだろう。しかも、人工生殖による不妊治療の進歩によって問題はさらに複雑さを増している。

人工生殖における無名の精子提供者は、法律的な父親にはならない。だが、生物学的にはひとりの人間の発生のもとになったのだから、やはり父親だという言い方もできるし、精子提供という行為によって生まれた子どもと一切かかわりを持たないで生きるのだから、父親ではないという言い方もできる。

人工生殖は、それまで太陽を太陽と呼び、月を月と呼ぶほど明らかだった世界共通の母親の定義をさえ複雑にしている。代理母は母親なのか。卵子提供者を母親と呼べるのか。問いはどこまでも広がってゆく。

それでも気を取り直して、再度、問いかけよう。

父親とは何か?

答えは、時代によってちがう。まずは、フランスの現代史における父親の位置づけの変遷を見通してみよう。

フランスの民法の土台は一八〇四年のナポレオン法典にある。ナポレオンが制定し、基本線は現在にまで受け継がれている。子どもの父親の定義はローマ法の流れを汲んでおり、男女が婚姻関係にあるなら、「子どもの母親の夫」が父親であるということになっている。

この原則はいまも変わっていない。

もちろん、母親が夫以外の男性と交渉を持った結果、生まれる子どももいるだろう。だが、法律上は母親の夫が父親になる。

少し横道にそれるが、二〇〇五年に Journal of Epidemiology and Community Health に発表されたイギリス人研究者マーク・ベリス（Mark Bellis）の研究結果によると、父親の四%が、自分の子ではないのにそうとは知らずに子どもを育てているそうだ。知っていながらあえてそうは言わずに自分の子どもということにして育てている親もいるだろう。

父親という存在が抱える問題点はここに集約される。

「果たして自分が本当の父親なのか？」

それは誰も知らないし、知り得ないことなのだ。

フランスでDNA鑑定を制限する理由

イギリス人の遺伝学者アレック・ジェフリーズの功績により、DNA鑑定が可能になったのは一九八〇年代のことである。犯罪捜査などによく使われるが、DNA鑑定は従来の血液型による親子関係の鑑定を凌ぎ、ほぼ一〇〇%の確率による鑑定が可能になった。実際、ドイツやイギリスでは父親かどうかを確かめるために多用されている。

しかし、フランスでは、DNA鑑定の用途は訴訟にまつわる場合に限られ、厳しく制限されている。だれでも勝手にできるわけではない。だが、インターネットの発達によって、近隣諸国の検査所に唾液などを送り、簡単に郵送で鑑定結果のやり取りをできるようになった。フランスでは違法行為だが、そうやって密かに父親かどうかを確認する親は意外と増えている。

生物学的に父親であることを重視するのか、それとも血のつながりはなくても、父親である役割と立場を引き受けて子どもを育てる日々の行為を重視するのか、それぞれの国の文化や価値観のちがいが、このあたりに表れていると言える。

特にフランスには、「身分占有」という法的概念がある。これは、子どもと日常生活をともにし、世間の目がその人を父親と認識していれば、たとえ法的に実際の父親でなくとも、「身分占有」という概念によって実際上の父親としての立場を認められるものである。日常の積み重ねが、血縁どころか法的親子関係を凌駕する可能性もある、ということだ。「身分占有」は、いかにもフランス的な父親観かもしれないが、ある意味で父親というものの本質を突いている。

ＤＮＡ鑑定などはごく最近になって可能になったことで、父親というのは本来、不確実なものであった。そしてその不確実性をひっくるめて、社会は父親を定義してきた。この点を強調してしすぎることはないだろう。いつの時代も重要なのは、生物学的にまちがいなく父親かどうかより、父親としてその人が社会的役割を果たしているかどうかであった。

ナポレオン法典以来、母親の夫が自動的に子どもの父親ということになるわけだが、それはある意味では筋が通っている。結婚は一種の契約関係であって、そこには相互の貞節を誓う一項目が掲げられている。貞節を貫いているという前提がある以上、子どもは妻と夫の子どもであるという論理である。

認知というアクション

ふたりの男女が婚姻関係にない場合は、父親側からの「認知」というアクションが必要である。アクションとわざわざカタカナで書くのは、本当に映画撮影の時の「アクション！」に似て、それはひとつのフィクションに飛び込む行為でもあるからだ。

認知のために、父親は市役所に「私が父親です」と申し出なくてはならない。本人の申告制であって、申し出た本人が子どもと本当に血のつながりを持っているかどうかは、はっきり言って問題にならない。子どもの母親と父親の間で了解済みのことであれば、その真偽は問われないというわけだ。もちろん、偽りの親子関係を結ぶカップルは稀だろうが、偽りの血筋を「認知」という行為で正当化できるというところに、母親とはまったくちがう父親の特殊性がある。

歴史を振り返ればわかるように、家系だとか血のつながりというのは、大いなるフィクションである。養子だとか、婿入りだとか、借り腹だとかいろいろあって、親子関係は科学的・生物学的真理とはまったく関係がないところで結ばれる。そしてそれは時代劇や小説の中ばかりではなく、現代家庭の床下にも、集団意識の水脈のごとく綿々と流れ続けている。

父親とは、はなから存在自体がフィクションなのだ！

母親は妊娠すれば母親になるし、とりあえずその確実性は揺るがない。父親は、その存在を勝ち取らねばならない。何によってその存在を勝ち取るのかというと、ふたりが婚姻関係にあれば、もちろん婚姻という契約によって。ふたりが婚姻関係にない時は、認知という「宣言」によって。契約にしろ、宣言にしろ、言葉を発することによって勝ち取るのである。

ローマ時代、自分の子どもだと認めるには、子どもを両手で抱えてそう宣言するのが習いだった。宣言さえすれば、それはその人の子どもとなる。もちろん、ローマ時代は遠い昔の話ではあるが、その時代の父親観は確実にいまに続いている。こうした父親の特殊性を、現代史を辿る前にいま一度しっかり噛みしめておきたい。

事実婚で子を産む

さて、今日のフランス社会では、ふたりにひとりの子どもが、婚姻関係にない親から生まれている。子どもの半分といったら、かなりの数である。十年ほど前に拙著『フランス家族事情』(岩波新書) をまとめた時は、まだ三人にひとりだった。一九七〇年までさかのぼれば、わずか七%にすぎなかった。

第一子に限れば、両親が結婚していない割合は六割にも上る。これはほかのヨーロッパ諸国と比較してもかなり高い数字で、フランスの非婚化現象は群を抜いている。ベルギー、ポルトガル、スペイン、ドイツでは、生まれてくる子どもの四人に三人の親は結婚している。イタリアやギリシャになると、その率は十人中九人にまで上がる (二〇〇六年一月、国会家族調査会の発表)。

フランスの特殊状況を支えているのは、結婚していない事実婚カップルが夫婦とほとんど同格に認知される社会の存在だ。一九七〇～八〇年代に、ユニオン・リーブル（いわゆる事実婚）の社会認知は急速に進んだ。

今日のフランスで、親が結婚しているかどうかは問題にすらならない。郵便受けにふたつか三つの姓が並んでいるのは少しも珍しいことではない。結婚していなければ、それぞれの姓が並んで記される。結婚していても、夫の姓と妻の旧姓が並べられているケースも多い。旧姓という言葉を使うと誤解が生じるかもしれないのでつけ加えると、フランスでは、生まれた時の名前が生涯を通じての正式名なので、旧姓という言い方はそぐわない。女性でも、結婚したからといって自分の名前を捨てる必要は生じないのだ。また、たとえば妻が子連れ再婚をしている場合は、子どもの姓（つまり妻が別れた元夫の姓）もそこに加わるだろう。フランスの郵便配達の人はさぞやたいへんだろう、と同情したくなる。

また学校で、年度のはじめに提出する用紙には、母の名、父の名を別々に書き込む欄がある。先に触れたように、妻が夫の姓を名乗るとは限らない。生まれた時の姓がその人の正式な姓だ。ただ慣習的に、夫の姓を名乗る場合が多いだけのこと。元の姓で通しても問題はない。夫の姓に自分の姓をハイフンでつなげて通称にする人も多い。つまり、結婚しているかどうかは、書き込み用紙を見ただけではわからない。日常のほとんどの場では、どうでもよいことなのだ。離婚も珍しくないので、両親の住所も別々に書くようになっている。

二〇〇六年の時点では、一〇〇組のカップルのうち四二組が離婚する計算となる。半数に迫る勢いだが、パリのような大都会では、哀しいかな、すでに二組に一組は離婚するのが現状だ。一九七〇年には、まだ一〇〇組当たり十二組の離婚率だったというのに。

国立人口問題研究所（INED）の所長フランス・プリウによると、「カップルの形態いかんにかかわらず、絆はますます不安定になっている」（二〇〇六年一月二七日、「ル・モンド」紙）。

結婚に限らず、カップルの寿命はますます短くなる傾向にあるということである。実際、一九九〇年に共同生活を始めた「新婚カップル」の十五％が五年後には別れ、十年後には三〇％が別れている。互いへの要求のハードルが高くなり、ちょっとでもどこかにズレが生じると、きっぱり別れてやり直す道を選ぶ。がまんしなくなったし、がまんする必要もなくなった。女性に経済力がついたがゆえの力関係の変化が如実に表れている。

こういうわけで、離婚も事実婚も再婚も、社会からなんらかの圧力を受けるということは一切ない、と断言できる。この部分は日本とまったくちがうので、強調してしすぎることはない。死亡時の遺産相続の問題を除けば、社会保障でも国鉄の家族割引でも保育園の登録でも就職でも、結婚しているか否かは一切問われない。いっしょに暮らしているなら、それで社会的に「カップル」と認められ、カップルの権利を享受できる。結婚しなくても子どもを産んでまったく問題ないという状況が、フランスの出生率を高位に保っている一因であることはまちがいないだろう。

結婚しないカップル、離婚カップル、結婚しないで子どもを産む女性、どのケースについても社会的プレッシャーや批判のまなざしがないというのは、日本から見るとうらやましい限りだが、こうした社会が生まれた出発点は、やはり一九六八年の五月革命と呼ばれる学生紛争にある。

五月革命と「父親殺し」

五月革命というのは、フランス大革命に次ぐフランス社会の大きな分岐点である。ここを飛ばして前に進むわけにはいかない。それは学生紛争に端を発し、教育現場における教師、家庭における父親、会社における経営者、国の諸機関における長や国家元首、そうしたあらゆる「権威」に対し若者たちが鬱憤をぶちまけ、「もっと自由に生きたい!」と怒りを爆発させた歴史の一幕であった。それはフランス経済の停滞ともあいまって労働者層を巻き込み、大きなうねりとなってフランス社会を呑み込んだ。戦後社会をなおがんじがらめにしていた宗教道徳や旧式のモラルは、若者たちの反抗と自由への希求の前にいったんは吹き飛ばされ、以後、性の自由と女性の解放が一気に進むことになる。

戦後のフランスの栄光をひとえに担い、時に強権を発動しながらアルジェリア戦争などの危機を乗り切り、十一年にわたって大統領を務めた第五共和制の父ド・ゴールは、翌年、退陣を余儀なくされる。ド・ゴールの退陣に象徴されるように、五月革命は、「父」という権威の敗退劇の第一幕でもあった。

つい最近まで神聖視されていた五月革命そのものの是非は、三十余年経ったいま、ようやく忌憚なく議論されるようになった。誇れることばかりではなかったかもしれない。しかし、別の議論になるので、ここでは先を急ごう。

五月革命の後の社会は大変革を遂げる。一九七四年には中絶が合法化された。フランスを代表する映画監督のひとり、クロード・シャブロルが一九八八年に撮って話題になった「マリーがしたこと」は、一九四三年、堕胎を助けた罪でギロチンの極刑を受けたマリー＝ルイーズ・ジローという女性の実話をもとにしている。堕胎を助けたがゆえに死刑になるという、いま思えば非常にショッキングな断罪のされ方が現実に行われていたのは、そう遠い昔のことではないのだ。

経口避妊薬（ピル）は五月革命の一年前、一九六七年に許可されるようになっていた。しかも一九七四年からは、ピルの処方が健康保険の適応を受けることになる。さらに八二年には、中絶手術費用にも健康保険が適応されることとなった。

ピルの合法化と中絶の合法化。こうして女性たちは自分の身体を自分の手に取り戻した。

子どもは、押しつけられるものではなくなり、出産と切り離して性の自由を享受することが可能になったわけだ。

言うまでもなく、一九七〇年代は、女性の社会進出が急激に進んだ時代でもある。女性にとって母親になるしか生きる道がなかった時代は終わりを告げた。五月革命以前は考えられなかったユニオン・リーブル（事実婚）を受け入れる土壌が、こうして整っていった。

一方、男性にとっては、それは苦難の時代の幕開けであったかもしれない。もちろん、女性の解放と性の自由が男性にもたらしたものも大きいはずだが、五月革命によって、「父なるもの」の権威は社会生活のあちこちでみごとに踏みにじられる結果となった。国にとってのド・ゴール大統領、学校における教師、家庭における父親……。既成の権威の少なくとも一部を失わなかった者はないだろう。

ある意味で、フランスの歴史は、父親殺しの歴史であるとも言える。フランス革命でフランス人民は王という国家の父親の首を刎《は》ね、五月革命で、戦後のフランスを牽引してきた共和国の父、ド・ゴール大統領に正面から楯突いたわけだ。それから二〇年近くにわたり、女性の権利拡張の勢いに押しやられるようにして、フランスの父親たちの影はどんどん薄くなってゆくのである。

一九七〇年、とうとう「父権」が消滅を見た。画期的事件であった。「父権」という法律上の概念は「親権」に取って代わられることとなった。

一九七〇年まで、父親は子どもに対し、一方的かつ絶対的な権力をふるうことができたのだ。暴君のような父親がいたとて、ドメスティック・ヴァイオレンスなどと騒ぎ立てることはできない。妻も子どもも何も言えなかった。いま思えば、父権などというものがつい三五年ほど前まで存在していたこと自体が大きな驚きだが、そうした社会であったことを考えれば、五月革命の必然性にも納得がいくというものだ。

親権は「子どもを保護するために両親ふたりが分かち合って行使する権利」のことである。これでようやく、母親も正真正銘の「親」となることができたわけだ。離婚した場合、子どもは父親か母親のどちらかといっしょに生活することになる。たいていの子どもは母親といっしょに生活することになり、母親に子どもの保護監督権が与えられた。となると、父親は離婚したが最後、子どもと接触したくてもできない状況に陥ることになった。

父親の敗北は、こうして決定的になった。

八〇年代——父親の敗退

男女の関係が破綻し、別れてしまえば、父親の影は薄くなるばかりだ。離婚後、子どもの大半が母親と暮らすことになる。父親自身がそう望むケースが多いという事実もあるが、一般に、子どもの面倒は父親より母親の方がよく見るという先入観もあるだろう。幼児の場合は、どうしても母親の存在の方が必要な場合が多いかもしれない。

別離の後もいい関係を続ける模範的カップルなどごく少数だから、たいていは裁判を通して父親にお決まりの面接権が与えられる結果に落ち着く。フランスで、お決まりの面接権というのは、隔週ごとの週末と、ヴァカンスの半分を子どもと過ごす権利である。裁判でそう決まっても、父親に会わせようとしない母親もいるだろう。うまくいったとしても、母親がそれ以上を望まなければ、父親と子どもとの接触は二回に一回の週末とヴァカンスの半分に限られる。

「この春休み、あなたが子どもたちといっしょに過ごすのは一週目、それとも二週目？」学校の休暇が近づくと、こんな会話があちこちで聞かれる。別れたカップルの子どもの多くが、母親のもとで一週間、父親のもとで一週間、半分ずつ休暇を過ごすからだ。前半の週担当か、後半の週担当か、それは一年ごとの交代制である。夏休みは丸二ヶ月あるので、一ヶ月ずつということになる。親は担当月や週をまちがえないように気をつけて計画を立てなくてはならない。

離婚にまつわるこうした事情以外でも、父親の権威の失墜は明らかである。たとえば中絶権。女性たちがこの権利を手に入れたことで、中絶するかどうかの決定権は、完全に女性側が握ることとなった。たとえ、父親が子どもをほしいと思ったとしても、妊娠という「事件」が女性の身体の中で起こる以上、父親の意思が反映される余地はまったくない。あたかも、子どもの妊娠に父親はまったくかかわっていないかのように。なんという力関係の大逆転だろう。

離婚訴訟手続きの改革も、その力関係の逆転に貢献した要素のひとつだろう。フランスで協議離婚が可能になったのは、一九七五年からである。要らぬ争いを避ける意味で、離婚はそれ以前より簡単、とは言わぬまでも、より人間的になった。こうして女性たちは次々と自由を手に入れていった。それはそれで素晴らしいフェミニズムの成果だった。だが、女性の権利拡張に夢中になるあまり、一九八〇年代のフランス社会は、知ってか知らずか、父親の存在をすっかりないがしろにしていたようである。それは、女性の権利保護団体の創設者で社会学者のエヴリンヌ・シュルロをすら憂慮させた。

「『父親はそれほど重要な存在じゃない。たとえば母親の新しい連れ合いとか、ほかのだれかが父親の代わりになればいいんじゃないか』。一体何度、こういう言い方をする人に出会ったことか！（中略）親子関係より性関係の方を重視するあまり、私たちの社会には、父親は代用可能だという言説が飛び交うようになってしまった」

「平等な社会を作ろうという意思が出発点だったのに、実際は、母親権力が支配する家庭ができてしまった。（中略）離婚したカップルの子ども二〇〇万人のうち、半数は父親に会わないか、会っても月に一回しか会えない実情だ！　家庭裁判所の判事たちは、離婚裁判の際、もっと子どもにとってふたりの親が重要だという点を考慮すべきだ」（「ル・ヌーヴェル・オプセルヴァトゥール」誌一九九一年六月一三日号）

いわば「父親たちの黄昏」が、母親中心社会の台頭と比例してフランス社会を覆っていった。

一九八〇～九〇年代は、市民団体「ＳＯＳパパ」に代表されるような、離婚して子どもと離ればなれになった父親たちの闘いが盛んになった時期でもある。父親だからって、どうして母親より劣った風にしか見てもらえないんだ。もっと子どもたちといっしょに過ごしたい。母親と別れた後も、父親として認められたいし、もっと子どもの日常にかかわりたい。そうした父親たちの切実な叫びがフランス中に響き渡った時代であった。

フェミニズムの洗礼を受けた男性たちは、一九八〇年代をどのように生きたのだろう。たとえば四五歳になるポール（出版社勤務）の場合。

「ぼくは家庭の外に恋人をつくって、彼女との関係は十年近くも続いた。ふたりの娘はかわいいけれど、妻とはもう完全にだめだと思ったね。一度は真剣に離婚まで考えたよ。でも結局、そうはしなかった。待たされるのにうんざりした彼女の方が、ぼくから離れていってしまったから……」

こうやって語られてしまえば、実に典型的などこにでもある浮気話でしかない。でも、そこには、彼だけしか知らない、十年にわたる長い逡巡と苦悩があった。

「いまになって思うのは、ぼくはどこかで妻がこわかったんだってこと。こわいなんて、笑われるかもしれないね。うまく言えないけど、妻はどこから見ても完璧な女性だった。公立病院の医者として社会的立場がちゃんとあって、家庭のこともしっかり切り盛りして、女性としてもなかなか魅力的だし、言うことなし。そんな彼女に、ぼくは男として圧倒されていたのかもしれない。

ぼくの職場には女性が多くて、女の責任者なんて男より多いくらいだ。女性の上司と仕事することに違和感はない。でも、ぼくは家庭で、気づかないうちに男としての居場所を失ってしまっていたのかもしれない……」

ポールの、威圧的なところのまったくない人当たりのよさ、女性に対する自然な気遣い、ノンシャランとした立ち居振る舞いなどは、七、八〇年代に若者だった男性特有のものかもしれない。

一九九一年六月に「ル・ヌーヴェル・オプセルヴァトゥール」誌上に発表された世論調査機関SOFRESの集計結果を見ると、六二%の男性が、男性は社会において力を失ったと思うと答えている。恋愛関係が変わった、と答えた男性は七八%。一方で、妻や恋人が責任あるポストに就いてもいやだと思わない、という男性が八三%もいる。

表面上は女性に対する理解に溢れている。だが内心、男たちは戦々恐々、強くなった女性たちに畏れをなしていたのかもしれない。女性に気に入られるためには「男性的」な言動を極力慎んで女性に接しなくてはならなかったかもしれない。なぜなら、ついこの間まで、男性は憎むべき抑圧者であり、支配者であり、何もわかっちゃいない暴君だったのだから。そして、いまや、世界の真理は女性たちの手に握られているのだから！

めんどりパパの出現

『眠った理性』（一九八八年、スイユ社）の中で、ノルベール・ベンサイド医師は、病気と現代社会の関係性を見つめている。その一例として、勃起不能という症状を挙げているのだが、医師は、女性の性的悦びのために男性が奉仕しなくてはならないという風潮の中で、男性はどうしていいのかわからなくなっていると分析している。そうした風潮は、性関係において、男性が男性的に振る舞いたい気持ちに無意識のブレーキをかける。女性は尊重すべきもの、大切にすべきもの、女性が快楽を感じないのは男性のせい。そうした暗黙のプレッシャーにより、現代男性の多くが、少しでも抵抗に会うと即座に身を引き、男の役を降りてしまう傾向を助長していると言う。

たしかに、生活のほかの場面ではものわかりのよい男性を演じ、「その時」だけ、昔ながらの猛々しい男を演じろ、というのはかなりの難題かもしれない。うまくバランスを取る術を見つけられずに自信を喪失した男性たちの数は決して少なくないようだ。そうした男性たちの声は、社会の表面にはなかなか出てこない。男性たちは苦悩を抱えたまま、それが個人的なものであればあるほど、沈黙への逃避の道を選ぶ。

魅力的で危険な恋人役はいつの時代も存在したが、女性たちの望みは極端に高くなり、恋人役が適当にこなせるだけでは、女性たちはちっとも満足しなくなった。しかも、理想的な夫役もこなせなくてはだめだ！　だが、頼もしくかつやさしい気遣いができる夫役をこなすには、並々ならぬ才能が要る。すべての男性にできる芸当ではない。こうして、恋人役も理想の夫役もパスした男性たちは、ハタと、やさしい父親にならなれるかもしれない、と気づいた。

よし、これならいける！　こうして、多くの「めんどりパパ」が登場したのではないか。現在五〇歳前後になる「五月革命世代」から「めんどりパパ」まで、道は一直線につながっていたように思われる。

「めんどりパパ」と呼ばれる若い父親たちが登場したのは一九八〇年代から九〇年代にかけてのこと。ママに代わってミルクもあげるし、お風呂に入れるのなんてお手のもの、もちろんおむつも替える。保育園への送り迎えも進んでやる。母親たち、特に働く母親にとっては、実にありがたい存在だ。男女平等なのだから当然のこと。ママと代用可能の「めんどりパパ」たちの姿は、最も現代的でかっこいい父親像かと思われた。

広告が社会の鏡だとしたら、そこにも変化は明らかだった。容姿端麗な男性モデルが逞しい裸の胸に赤ちゃんを抱く、といった、それまで見られなかったキャスティングが頻繁に登場するようになったのはこの頃である。広告を受け取る側の視点が変わったのだ。

かつて、男性の視線が対象だった広告では、赤ん坊が登場する余地はほとんどなかった。それが、赤ん坊を抱く男性に価値を見出す視線、つまり女性の視線が力を強めたことによって、キャスティングも発想の大転換を余儀なくされた。赤ん坊を抱くのはダサイことではなく、男性が男性であることの最高の証明なのだと、女性たちはもちろん、徐々に男性側も認識するようになっていった。それはそれで素晴らしい意識の変化である。だが、広告において、赤ん坊は男性の価値を高めるためのアクセサリーのひとつとなった、という見方もできるかもしれない。

父親の復権

父親が危ない、という危機感を持った人たちは、一九八〇〜九〇年代、盛んに父親論を闘わせた。その結果、フランスにはかなり厚い層で父親問題を掘り下げる専門家たちが登場した。それは社会学者だったり、心理学者や精神病理学者だったり、法律家だったりするのだが、彼らの業績の紹介は最終章にまわそう。こうした研究報告によって、父親という存在に改めてスポットライトが当てられ、父親と母親の権利のバランスを取ろうとする動きが盛んになり、徐々に実を結んでいった。ここでは、法律面で、特に離婚後の父親の権利見直しがどのように進んでいったかをざっとまとめてみたい。

日本では離婚後、本人どうしの間でなしくずし的に生活形態が決まってしまうことが多いが、フランスでは協議離婚であっても家庭裁判所を通すため、家裁を通して子どもとの関係を規定する手続きを取る。結婚していないカップルでも、家裁を通して子どもとの面接権、養育費の分担などを取り決めるのがほとんどである。

一九八七年、それまで養育権と呼ばれていたものが、「親権」に取って代わられる。養育権と言うと、どちらか片方が養育し、もう一方は養育にかかわらなくていい、またはかかわりたくてもかかわれない、といった印象を与える。もちろん、子どもはどちらか一方の親と暮らし、そちらが日常の養育の大半を引き受けるわけだが、ふたりの親に優劣をつけるのはおかしい。父親と母親が親権を共同で行使するという基本線が、「親権」という言葉によって明確に示された。

結婚していないカップルの場合は、自動的に母親が親権を行使する。しかし、ふたりで裁判所を通して手続きさえすれば、共同親権の行使は可能だ。

一九九三年、親権の概念はもう一歩前進した。背景には離婚や事実婚のさらなる増加がある。結婚しているからといって、いつ別れるかわからない。結婚しないまま子どもをつくって別れてしまうカップルも多い。となると、父母の関係性にかかわりなく、そこから切り離して子どもの利益を守る必要がある。つまり、親どうしが結婚していようとしていまいと、双方の親は生涯子どもを保護し、見守る義務がある、そして、子どもはふたりの親に育てられる権利がある、という大原則が強化されたのだ。両親が結婚していない場合も、子どもが一歳になる前に父親が認知し、いっしょに生活していたなら、父親にも親権が認められることになった。

だが現実には、子どもといっしょに住んでいる親が一方的に親権（かつての養育権）を行使し、子どもの日常を采配し続ける。大多数の父親にとって、週末とヴァカンスだけ「父親をさせてもらう」現状にたいした変わりはなかった。共同親権の原則が高らかに謳われても、子どもがいっしょに暮らしている親が主で、もう一方の親が従といった捉え方は、そう簡単には変わらない。大袈裟に言えば、父親は養育費支払機関とみなされ、多くの場合、おずおずと面接権を要求したり、逡巡の果てに子どもに電話をかけたり、という立場に変わりはなかった。

「もちろん、向こうの家庭は尊重しなくちゃいけない。だから、子どもに、『今日は学校でどうだった？』なんて、気軽に電話したいと思いながらできなかった。母親にうるさがられるからね。彼女の怒りを買って面接を断られたりしたら困る。それが、娘にケータイをプレゼントしてから、連絡がずっとスムーズになったよ」と、ジル（二九歳）は言う。

共同で子どもを育てる権利とは言っても、現実は言葉通りには進まない。うまくいかなくなった男女の成れの果ては、子どもを挟んでの小競り合いの連続である場合が多い。それでも、共同親権の概念は、徐々に徐々にではあるが、人々に浸透していくようだった。

親権に関する大きな前進は、二〇〇二年にやってくる。この改革によると、両親はどちらもまったく同格、どちらの親が主で、どちらの親が従、という認識は一切なくなることになる。

どちらの親も平等なら、同じように子どもと住む権利があるはずだ。もし両親がうまく話し合いながら子どもを育てていける関係にあるなら、月に二回の面接権といったごく限られた権利ではなく、たとえば一週間交替で子どもが両親の間を行き来するという生活スタイルを選択することもできるはずだ。これまでもそうしたケースがないわけではなかったが、別れた後もうまくつき合っていける男女の間で、個人的に融通をきかせて行われている状況であった。

しかし、二〇〇二年を境として、こうした形の交替制養育制度が公に認められるようになった。双方が協力的で、そばに住んでいるなどの条件がそろえば、父親は、母親と一週間交替で子どもを引き取りたいと裁判所に訴えることができる。

いまなおこの交替制養育制度については賛否両論あり、幼児には適さないという意見が強い。父親と母親の権利のバランスという観点から見ればひとつの前進であるかもしれないが、子どもの心の安定を無視しておとなの側の満足だけを追求することは避けなければならないだろう。

また、税金申告についても進歩が見られた。申告の際、子どもの分を扶養家族分として双方で差し引くことができるようになった。健康保険証に関しては、子どもを父親の保険証と母親の保険証の両方に登録することが可能になった。それまでは、子どもを引き取っている間に子どもが病気になったりするとたいへんだった。子どもが登録されているのは、いっしょに住んでいる親の健康保険証である場合がほとんどだからだ。そして、子どもの健康保険証がなくて困るのは、たいていは父親だった。

こうした日常にかかわる改革は、単なる支払い上の問題を解決するばかりではない。父親は母親と同等の親であるはずなのに、保険証がないばかりに、親としての行動を制限されてしまう。精神的な苦痛も味わう。病気の子どもや医者を前に、まるでいっしょに暮らしていないことを社会に糾弾されるかのような思いをする。それはどう見ても不当である。

このように、社会党政権下で行われた改革には、別れた親どうしの力関係を最大限均等にしようという強い意思が働いている。

「ニコラは裁判所に一週交替制を要求しているけど、彼の仕事の状況を考えたらどうしたって無理だと思う。毎日夜遅く帰ってくるのに、どうやって子どもの面倒を見られるというのかしら」

離婚裁判中のセシル(三五歳)はこう言ってため息をつく。

離婚の申し立てをしてからもう二年が経つというのに、財産分与や子どもの住む場所をめぐって、いまだに決着がついていない。とりあえずの仮措置として、子どもたちは二週間ごとの週末と木曜の夜、父親の家に泊まることになっている。つまり、金曜の朝と月曜の朝は、父親がふたりの子どもを学校へ送り届けることになる。ヴァカンスは半々だ。

なぜ木曜の夜が加わっているかというと、ちょっと説明を要する。フランスの公立学校は伝統的に水曜が休みである。それで離婚当初、ニコラは水曜の夜も子どもたちを引き取りたいと要求し、セシルはその要求をのんだ。子どもたちから父親を奪う気はさらさらなかった。父親との接触が増えれば、子どもたちの心の安定に貢献するだろうと考えた。

離婚当初から、ニコラはセシルたちの住む家のすぐ近くにアパートを借り、子どもたちと一週交替で暮らしたいと意思表示していた。すぐ近くなので、水曜の夜を子どもたちが父親の家で過ごしても生活に支障はないかと思われた。ところが、水曜日には学校がないので、セシルは子どもたちをニコラのアパートまで送っていかねばならない。ほかの日は、学校に直接ニコラかニコラの親が迎えに行くから問題ない。しかし水曜日だと、ニコラとセシルは顔を合わせることになる。

ニコラはその機会を捉え、いやがらせを言ったり、攻撃的な態度を取ったり、わざと家にいないでセシルを困らせたり、一種のハラスメントを加えてきた。離婚当時からそうだったが、下の男の子（八歳）は極度に父親と母親の接触を恐れるようになった。夜中に悪夢にうなされることもしばしば。セシルは弁護士を通じて申し立てを行い、水曜日を木曜日に変えてもらうことにしたというわけだ。木曜なら学校があるので、ニコラが直接学校から子どもを引き取る。セシルはニコラに会わずにすむ。

自分の生活と相手の生活に境界線を引き、どんなに手の届くような距離で生活していようと、相手の領域侵犯はしない、という規範を持たないと、別れた男女が共同で子どもを育てることは難しい。週末に一日加えただけで、これだけいろいろあるのだから。

「上の子はぼーっとしたところがあるから、いつも父親のところに眼鏡を忘れてきたり、柔道着を忘れてきたりする。返してって言っても、ニコラは無視。私には眼鏡をふたつも三つも買ってやる経済力はない。ニコラは私が困るのがうれしいみたい」

ニコラとセシルのように、日常生活の細々とした点で諍いを抱え、そのたびに家裁や弁護士という第三者の介入が必要になるようなカップルに、一週交替制はどうしてもなじまないだろう。子どもが片方の親の家に服や教科書を忘れてくるたび、それが大事になり、子どもに罪悪感を与えるような関係だと、いくら父親も母親も同じだときれいごとを言っても、実際問題、無理が大きすぎる。子どもの精神状態にプレッシャーがかかりすぎる。

裁判官は、一週交替制が適切なのかどうかを見極めるため、ニコラとセシルそれぞれの家庭に調査官を送り込んだ。家庭訪問で生活ぶりを調査し、子どもと一対一で面接し、子どもの意見も参考にしつつ答えを探るのだ。まだ最終的な判決は出ていない。

教育の現場でも、父親と母親を同じ比重で扱うことが明言された。学期ごとの通知表は、父親と母親、双方に送られねばならないこと。子どもがもし母親と住んでいて、父親とは週末と休暇中にしか会わなくても、学校は父親にも郵送などの手段で通知表を送り届けるよう通達が下った。このように、母親の前にすっかり影が薄くなっていた父親の権利は徐々に補強され、新たに脱皮を遂げつつある。

父親の出産休暇

二一世紀の幕開けに社会党政権のもとで行われた家族法の改革は、父親をしっかり視野に入れた家庭づくりを目指さなくていけないと、母親偏重主義に傾いていたフランス社会が我に返った末に行き着いたひとつの結論だった。当時、家族問題担当大臣で、二〇〇七年の大統領選で初の社会党女性候補となったセゴレーヌ・ロワイヤルの実績である。第1章で紹介した「父親手帳」のスタートも時を同じくしている。もうひとつ忘れてはならない父親優遇措置、それは父親の出産休暇が延長されたことだ。

二〇〇二年から、出産の際に父親が取れる休暇はそれまでの三日から二週間にぐんと延びた。二年後にはフランスの父親たちの三人にひとりが、三年後の二〇〇五年には三人にふたりが、この休暇を活用するようになった。

これは従来の三日（雇い主が給料を保証）に新たに十一日が加えられたもので、子どもが四ヶ月になる前に取らなくてはならない。その間、健康保険機関による手当が給料の八割という形で穴埋めをする。ただし、上限があり、約二〇〇〇ユーロまでは保証されるが、それを超えると、公務員の場合は国が保証する。私企業に勤める場合は、企業によるので、場合によっては保証なし。私企業に勤める男性は、ある程度減給覚悟でなければならないし、高給取りには、保証が少なすぎて魅力的ではない。

「有給休暇と三五時間労働制の導入による休暇をあわせて、休暇はすでに年五〇日もある。仕事量が多くて、それすら消化できていないというのに……」、という管理職の悩みも報告されている（「ル・モンド」紙二〇〇五年十一月三〇日）。この人は、収支面、生活面、仕事面での損得計算をした挙げ句、「出産休暇を取ると収入が減るので、妻が退院した時に一週間、ふつうに有給休暇を取った」そうだ。

管理職の場合と理由はちがうが、自由業や一時契約で働く、収入の安定しない父親たちにとっても出産休暇は取りにくい。二週間に延長された出産休暇の恩恵を最も受けているのは、いまのところ公務員と、それほど高給取りではない父親たちということになる。

父親の出産休暇延長の背景には、フランス一国に限らないEU全体の意向が反映されている。一九九二年から、欧州委員会はEU加盟国に「父親のいっそうの育児参加」を呼びかけてきた。今日、ベルギー、デンマーク、スウェーデン、イギリス、ノルウェーなどで、フランスのように二週間またはそれ以上の出産休暇が父親の権利として認められている。

特に三〇歳以下の父親たちは、なるべく早い時期から父親として子どもとかかわろうとする傾向が顕著だ。労働省の研究報告書『父親出産休暇』（ドニーズ・ボエール、ソフィー・プネ共著）によると、三五～三九歳の父親が出産休暇を取る率は六〇％。もう少し年若い三〇～三四歳の父親だと七三％、三〇歳以下の父親になると六八％が出産休暇を取っている。

二週間というのは、赤ん坊との日常のたいへんさを実感し、妊娠という大仕事を終えた母親の回復を助けるのに最低限必要な長さだと思われる。子育てのたいへんさを最初から分かち合うことが、その後に切り開かれていく父親の「場所」を支える確固たる土台となることはまちがいない。そしてあっという間に過ぎてしまうその二週間に、子どもと母親と密度の濃い時間を持つことは、父親にとってひとつの大きな自信となるだろう。

3章 あんなパパ、こんなパパ

父を見て父親になる

アレクサンドル（四三歳、コンピューター技師）は夏のヴァカンスには、伴侶のステファニー（三三歳）とよくバイクで長期旅行にでかける。パリ郊外の仕事場にも、いつもバイクで通っている。無精髭のせいか、肌に張りついたライダー用ジャンパーのせいか、ボヘミアン風な印象を受ける。だが聞けば、厳格な両親のもと、森に囲まれたランブイエの高級住宅街で乗馬を趣味にして育ったそうだ。

ランブイエはパリから南西へ五〇キロほど、代々の王家の瀟洒な城がある品格のある町である。この城はいまでは歴代大統領が別荘として使い、時々、迎賓館の役割も果たしている。一九七五年のランブイエ・サミットをご記憶の方もいるだろう。

「妊娠を知らされた時の反応？　うーん、瞬間、息が止まってね、まわりのすべてがぴたりと動きを止めて、音も消えてしまった……。本当だよ。それから四時間、涙が止まらなかった……」

これほどの感動の仕方も珍しいが、アレクサンドルは二〇歳の時から子どもがほしいと思っていたのだった。しかし、なかなか実現しなかった。最初の結婚は十年続いた。いっしょに暮らし始めた時から計算すれば、十五年になる。だが、彼女は一度も子どもがほしいと言ってくれなかった。アレクサンドルから持ちかけてもいつもするりとかわす。歳月とともに、その一点のズレがふたりの関係を内側から蝕んでいった。

いまの伴侶ステファニーとは、出会いから三年が経つ。結婚はしていないが、ふたりとも、子どもをほしいという気持ちに自然に行き着いた。四三歳にして、父親になる夢がようやく叶ったのだ。

「ぼくが十二歳の時、癌で父は急死したんだ。学者だった父はとても厳しい人だった。

母も石油会社で研究員として働くインテリで、教育には厳しかった。成績が悪いとふたりから雷を落とされたよ。だからぼくの子が悪い成績を取った時は、ステファニーに叱ってもらって、ぼくは怒ったりしたくないね」

自分の親がしてくれたこと、してくれなかったことを、子どもという立場で体験してきた私たちは、自分が親になる番が回ってきた時、親のようにしたいと思うか、親のしたことだけは避けたいと思うか、人それぞれである。

アレクサンドルは話しながら煙草の煙をくゆらせている。この煙草も、赤ん坊が生まれたらきっぱりとやめるつもりだ。ステファニーにそう約束した。

「父は子どもにべたべたするような人じゃなかった。ちょっと遠い感じの、距離のある人だった。抱っこされた思い出なんてないなあ。もちろん、おむつを替えたことなんかないだろうね。えっ、父親と似ているところ？」

普段は早口のアレクサンドルが、遠い目になった。

「青い目と、髭と、うーん、バイクをやるってことかな。父は若い時からバイクが好きで、バイクの話はよくしてくれたよ。それでぼくもバイクを愛用しているのかな。父親になるってわかってからは、ずいぶん安全運転になったと思うよ。父なし子をつくっちゃたいへんだからね」

父親を一番と必要とした思春期、父はもういなかった。だからといって、父を恨むような気持ちはさらさらない。アレクサンドルにとって、父ははっきりとした実像を伴っていまも心の中に存在している。もちろん、就職した時も、結婚した時も、父親がいたらどんなに喜んでくれただろうと思った。その気持ちは、近づいてくる出産を前に、ますます強くなっている。おまけに、おなかの子は男の子だとわかったから余計だ。

アレクサンドルは、女の子の方が父親に甘えてくれるからいい、と思っていた。もちろん、男でも女でもいいのだが、男の子がどういうものか知っているだけに、ちょっと気恥ずかしいのだそうだ。それでも生まれたら、「これ、ぼくの子です！」と、看板を立ててバギーを押したいくらいだと言う。

アレクサンドルの率直さと、間もなく父親になる気持ちの熱いほとばしりに圧倒されながら、私は聞いた。父親になったら、自分の息子にしてやりたいと夢見ていることがあるかどうか。アレクサンドルの答えは意外だった。

「七、八歳の頃だったと思う。学校でビー玉遊びが流行っていてね、ぼくは学校で一番強かったんだ。それでビー玉を山ほど持っていた。強気のぼくは、じゃあ、父も負かしてやろうと思って、一戦を挑んだんだ。父はなかなか相手にしてくれなかった。何週間もの間、毎日、ねえ、やろうよ、ねえ、としつこく誘った。あんまりしつこいもんだから、父はとうとうビー玉を一袋、自分用に買ってきて、ぼくの挑戦を受けて立つことにした。ビー玉って、どうやってやるか知ってる？　本格的なビー玉戦だよ。

結果は、みごとに惨敗！　ぼくは持っていたビー玉をひとつ残らず父に奪い取られてしまったんだ！　少しの容赦もなかった。その時のくやしさ、切なさ、恥ずかしさといったら……。

これと同じことをね、息子にやってやりたいんだ」

「えっ、そんな仕返しみたいなこと。ずいぶん、意地悪じゃないですか」

私は思わず聞き返した。自分が深く傷ついたことを、息子に仕返すなんて。それも最愛の息子に？　母親にはこんな考えは思いもつかないだろう。正直言って、彼の言おうとするところがわからなかった。アレクサンドルは困惑する私を前に、笑みさえ浮かべてこう言った。

「一番になって鼻高々だったぼくを、父はみごとに打ちのめした。情け容赦なく。あれはね、父がぼくにくれた最大の教訓なんだよ……」

私はあっと思った。これなんだ、おそらくこれが、父親と母親のちがいなんだ。

母親は、何があっても子どもを守ろうとする。子どもが追いつめられれば、必ず子どもの側に立つ。救いの手を差し伸べる。ところが父親は、必要とあれば、子どもをこてんぱんに打ちのめすことができる。すべての父親がアレクサンドルの父親のような行動を取るかどうかは別問題だが。

アレクサンドルのエピソードは、父親とは何かをどんな父親論より雄弁に語っている気がする。つまり父親は、子どもの前に「他者」として立ちはだかる最初の人間だということだ。他者と言っても無関係の他人ではなく、教育熱心で、好きなバイクのことも情熱を持って話して聞かせ、たとえ抱っこなどしてくれなくても日常を分かち合い、愛情を注いでくれる存在——だから子どもにとって父親は「最も身近な他者」なのである。どんな状況でも絶対的味方である母親とは一線を画し、最初の「他者」として子どもに対峙する、それこそが母親と決定的にちがう父親の本質なのではないだろうか。

「ル・ヌーヴェル・オプセルヴァトゥール」誌特別号「父親の冒険」（二〇〇三年一月）の中で、作家で哲学者のルイーズ・L・ランブリッチは精神分析医のジャン＝ピエール・ヴィンテールの言葉を引用しながらこう語っている。

「『父親とは息子が頭の中で構築した産物なのだ。別の言い方をすれば、みな自分の父親を自分でつくる、ということ。一方に、母親の伴侶としての現実の父親の存在があって、もう一方に、頭の中でつくられる父親像がある』。むしろ頭の中でつくり上げられた父親のイメージを通して、息子たちは、今度は自分が父親になるのである」

いま父親になろうというアレクサンドルも、とうの昔に亡くなった自分の父親のイメージのネガを必要としている。現像液の中から浮かび上がってくるイメージは、いまはまだ曖昧模糊としているが、それがアレクサンドルの個人史によっていっそう豊かになった次の世代の父親像であろうことはまちがいない。

父を探して

歓楽街ピガールの広々としたカフェの二階に、午後の光がたっぷりと注がれていた。モンマルトルの丘周辺にしゃれたブティックがひしめき、ひところ前とだいぶ雰囲気が変わってきた。それでも、カフェ裏の袋小路には昼間から娼婦らしき人の影がある。表通りにはさびれたセックスショップが軒を並べている。そうかと思うと、ふと迷い込んだ路地裏には庭つきの豪邸が隠れていたりする。ここピガールでは、都会の闇と光が激しいコントラストをつくっている。

繊細な鼻梁が象るオリヴィエの横顔に、額のまん中で分けた長めの金髪がかかっている。髪が光を受けて柔らかく揺れる。涼やかでいて夢見るような目元と形のよい唇に、ラファエロの絵画中の人物のような神秘的な微笑みを浮かべている。彼がイタリア人だというのは言われなくてもわかる。三八歳の独身、職業は役者。

イタリア人の血を引くが、国籍はフランスだ。イタリア移民の家庭に生まれた母は、イギリス滞在中に出会ったやはりイタリア移民の父と恋に落ち、フランスでオリヴィエを産んだ。結婚などしていなかったから、オリヴィエには母の姓が与えられた。間もなく父は故郷イタリアへ帰ってしまった。それでも二、三歳になるまではわずかながら交流があった。母が住む祖母の家に父が訪ねてきたことがある。父親が長身の身をかがめて戸をくぐってくる姿がオリヴィエの瞼に焼きついている。父は母をイタリアへ呼び寄せようとしたらしいが、母は従わなかった。生涯をともにする相手としては当てにならないと判断したようだ。

オリヴィエは二六歳の時の父の写真を持っている。際立ってダンディな男だった。スポーツカーが大好きで、女たらし、しかも怠け者。いつも無職でぶらぶらしていた。オリヴィエの成績が悪いと、母は「あんたは父親にそっくりね」となじった。

オリヴィエはふたりの父を持つ。幼児の時以来、二度と会うことのなかったイタリア人の実父と、オリヴィエが四歳の時母が出会い、結婚したフランス人の義父である。法律上は、この義父が父親だ。

七歳の時のこと。義父はオリヴィエを自分の子どもとして認知した。この時、オリヴィエの姓は母の姓から義父の姓に改められた。こうしてオリヴィエは、ふたりの父とふたつの国を内に抱えて成長した。

義父は、実父と正反対の融通のきかない堅物だ。ほとんど暴君に近かった。褒められたこと、やさしい仕草で抱き寄せられたことなど一度もない。義父にとって、子どもは罰を与えて正すべき存在だった。義父の教育方針から少しでもはずれると、テレビを禁止されるなど、容赦なく楽しみを奪われた。罰することでしか、自分を表現できない人だった。人生はこうでなければならない、と規範に凝り固まり、自分以外の在り方や考え方は一切受けつけないタイプだった。

「そのせいかな、ぼくが反抗的な人間になったのは。義父はぼくを医者にしようとした。ぼくは文学がやりたかった。義父の気持ちを落ち着けるために一年だけ医学部に通ったけれど、やっぱりだめだったよ。結局、役者になって、いまはごらんのように風の吹くまま、保証とは無縁の生活さ」

華奢な体格からは思いもよらない声量のある声で、オリヴィエは歌を歌い出す。紺碧の地中海を吹き渡るようなイタリア人のテノールだ。

母は、オリヴィエの義父の両親と最初からうまくいかなかった。特に義父の母親は、どこまでも子どもの家庭を支配しようとするタイプの人だった。オリヴィエの母の両親と義父も、折り合いが悪かった。どこもかしこも軋みを立てていた。

「だから家族って聞くと、ぞっとするんだ。家庭は、ぼくにとって息が詰まる場所でしかないんだ。たとえば義父の両親の家で過ごすクリスマスなんか、いつも拷問だったよ。でもいまとなってはね、大人どうし、義父ともまあまあうまくやっているよ。義父もかなり譲歩してくれるようになったから……」

結局、義父は子どもが苦手だったのかもしれない、といまならオリヴィエは思える。仕事人間で、友人も少ない人だった。子どもばかりか、人間全般が苦手だったのかもしれない。

オリヴィエは美形の風来坊といった印象を与えるが、実際は口約束に堅く、時間に正確だ。仕事仲間の評によると、彼はすべてにきちんとしていて信頼できると言う。あんなに反発し、嫌った義父の教育のおかげかも、と思わずにはいられなかった。

義父に育てられ、義父が認知してくれたおかげでフランス姓を名乗っているが、いつも自分の中に姓とのズレを感じている。外国旅行をすると、よくイタリア語で話しかけられる。内心、うれしい。どこかで自分はフランス人でなくてイタリア人だ、という思いがあるからだ。

父親を探そうとしたのは、三〇歳の時だった。父がなんという街に住んでいるか、なんという名前か、母の手帳から盗み見て知っていた。イタリア語も習ってみた。そしてイタリアへ発った。だが、見つからなかった。後に、インターネットで父の姓を調べたりもした。そんなにたくさんある名前ではないから、本気で探し出すつもりなら見つけ出すことも不可能ではないだろう。そんなことをしているうちに、いつの間にか気が萎えてしまった。

「見つけ出したとして、何の共通点もない相手を前にして、一体何をしゃべればいいんだろう。それでなくても、ぼくのイタリア語はつたない。いまの父には家庭があるかもしれない。そんなところへ、突然、土足で踏み込んでいくようなまねはしたくない。そう思うようになってね……」

オリヴィエ自身は父親になる気はない。これまで何人もの女性とつき合ってきた。誰かが妊娠する事態になったらともかく、自分から子どもが欲しいとは決して思わない。実父と同じようなことをしたくないのだ。したくないというのは、する可能性がどこかにあると、無意識に感じているからなのかもしれない。

「父は、ぼくの心の消えない傷跡だ。ぼくを見捨てた人だから……」

見捨てた相手が「父親」なら、自分はその「父親」になることはできない。オリヴィエの結論だった。

同時に、フランスで生まれ育ちながらイタリアへの思いが断ち切れないのも、これまた父のせいにちがいない。母方の祖父母の影響も大きいようだ。幼児期を過ごした祖父母の家は、オリヴィエの心のふるさとだ。祖母は、典型的なイタリアの肝っ玉母さんだった。料理や洗濯など男がするもんじゃない、という昔風の考えだ。一種の男尊女卑かもしれないが、オリヴィエにとって、祖父母の家は唯一心の休まる場所だった。

いまさら会う必要はないと言いながら、オリヴィエはやはりどこかでイタリア人の実父を探し求めているのだろう。認知し、育ててくれた義父のフランス姓に対して感じる居心地の悪さは、理屈ではどうにもできない。祖父母をなつかしく思い出すのと同時に、幼い記憶に鮮明に残った、身をかがめながら戸をくぐって入ってきた長身の男の影が、いまもオリヴィエの胸を締めつける。おそらく、二度と目の前に現れることのない人。でも、その人がいなかったら、自分は存在しなかったはずの人……。

オリヴィエの心は揺れ続けている。

養子を育てる

つき合い始めて間もない頃、クレールはグザヴィエ（ともに三八歳）に言った。

「私、赤ちゃんができない身体なの」

当時まだ二〇代半ばだったクレールは、腸の病気を患った後遺症で、妊娠できない身体になっていた。一時はこの世をはかなみ、修道院に入ってしまおうかと思い詰めたほどだった。ソーシャルワーカーになったのは、そうした自分の心の傷を、他人を助ける立場に身を置くことで癒そうとしたのかもしれない。しかも配属は、X出産を扱う部署だった。

X出産とは、フランス独特のシステムだ。望まない妊娠の末に出産に行き着いた女性たちが、自分の名を伏せて密かに出産できる、いわば公認の「子捨て」システムのようなものだ。公立病院で、無料で出産することができる。望まれない妊娠といっても、経済的理由、母親が未成年である等々、理由は様々だ。出生後二ヶ月以内に母親が翻意して申し出なかった場合、孤児として国に保護される。子どもは、その後、養子を望む家庭に引き取られてゆく。引き取り手がなければ、親のないまま施設で育つことになる。

X出産というシステムの存在がいいのか悪いのか、賛否両論分かれるところである。二〇〇二年まで、X出産で産み落とされた子どもたちが、後に産みの親について情報を得たいと思ってもそれは不可能だった。自分の親がどんな人だったのか、どういう状況で自分が捨てられることになったのか、知る道は一切閉ざされていた。自分の出自を知る術がないというのは、自分が何者かわからないということだ。それはどれほどの苦しみだろう。

親の現在の生活に闖入《ちんにゅう》者のように入り込むつもりはないが、せめて最低限の情報だけでもほしいという「捨てられた子どもたち」の願いが国を動かし、二〇〇二年、ようやく法律改正に至った。その時、「出生にまつわる情報国家委員会」（CNAOP）が創設された。こうした変化は、望まれはしなくてもこの世に生まれてきた人たちの尊厳を守る、小さくも貴重な一歩として高く評価されている。

X出産の問題点はもうひとつある。そこに父親の意見がまったく反映されないことだ。すべての決定権は母親にあり、父親が子どもを育てたいと思ったとしても、なす術がない。そうした意味では父親の存在をないがしろにした制度であるとも言える。女性の身体で起こったことは女性だけの問題だというわけだが、妊娠・出産とは、本当に女性の側だけの問題なのだろうか？

望まない妊娠をして泣かせられる女性や、貧しさゆえに子どもを育てられない女性たちを救うという意味では、X出産はたしかに安全な環境での出産を保証し、中絶に代わる「もうひとつの道」としての存在意義があっただろう。しかし時代は変わった。母親は捨てる道を選んでも、父親は育てる道を選ぶ場合もあるかもしれない。両親を知らずに養子にもらわれるのと、片親であっても、自分の実の父親に育てられるのと、どちらが子どもの幸せなのだろう。答えはそう簡単には出せない。

こんな悲惨なケースも実際にあった。父親が出生前に認知をしていたというのに、出産前にふたりは別れてしまった。母親は住まいを変え、密かにX出産の道を選択する。子どもは国の施設に引き渡され、出生前に父親が認知しているとはだれも知らないまま、養子縁組を申し出た夫婦に引き取られていった。父親は、自分が認知した子だというのに、子どもがどこで生まれたのかさえわからない。執拗な調査の末、父親は養子先を突き止め、裁判を起こす……。

二〇〇六年四月、破毀院（最高裁）は出生前認知をしていた父親を、子どもの父親であると認める判決を下した。前代未聞の判決であり、今後への影響力は大きい。父親になりたいという人の意思を無視して母親がX出産に走ることは、今後できなくなるにちがいない。

X出産は様々な問題を抱えており、いまなおフランス社会でその是非をめぐって議論が続いている。

さて、クレールに話を戻そう。

クレールは不妊の身でありながら、というか、不妊だからこそ、X出産という不妊とは対照的な不幸を経験する女性たちにかかわる職に就いた。

「不妊だと聞いても、クレールに対する気持ちは変わらなかった。むしろ、それだからこそ、いっしょに人生を歩んでいきたいと思った」

と語るグザヴィエの表情は清々しい。一点の曇りの影もない。彼は大手企業に勤めるエンジニア。パリ郊外の社の入口ホールは清潔で床は鏡のように磨き上げられている。ホール脇の応接コーナーで、グザヴィエは周囲の視線を気にするでもなく、声を落とすでもなく、養子をもらった事情を淡々と話す。仕事仲間も知っていることだ。

グザヴィエとクレールは、二八歳で結婚する一年前に書類を整え、養子申請の手続きを取った。フランスで年に五〇〇〇件の養子縁組があるうち、四〇〇〇件は、外国の子どもとの養子縁組である。グザヴィエとクレールは、フランス人の子どもを希望した。肌の色や容貌が自分たちとあまりにちがう子どもより、ヨーロッパ系の子どもの方が、周囲の好奇の目を受けず、育てやすいだろうと判断したからだ。

一九九六年の法改正によって、養子をもらう資格は二八歳以上となったが、結婚して二年以上経っている場合は年齢制限がない。ちなみに、独身者でも資格はある。

ふたりは若かったし、申請後すぐ結婚したので、県の社会・公衆衛生問題機関（DASS）の書類審査も心理学者や精神科医との面接もとんとん拍子で進み、一年半ほどで最初の養子を取ることができた。何年も待つ人が多いことを考えると、ずいぶん恵まれたケースである。

最初は、お見合いのように赤ん坊の写真を見せてもらう。その子の写真を見た時、一目で、かわいい赤ん坊だと思った。X出産の子どもだった。二週間、考えるための猶予期間が与えられるが、ふたりは迷わなかった。会ってみれば、抱っこされるのが大好きな赤ん坊だった。半日の面会から始まり、二、三日のお泊まり、と徐々に慣らしていき、五ヶ月半の時、レアを正式に養子にした。当時はあまり笑わない子だったが、八歳になったいまは、暗い影などどこにもないおしゃまな女の子だ。

その後、二人目の養子ももらった。レアとは六歳ちがいのクロエ。正直、あまりかわいくないという第一印象だった。それでも、すぐ養子にすると決めた。騒々しいレアとちがって、もの静かな子である。グザヴィエはよく本を読んでやる。

こうしてグザヴィエとクレールは、八歳と二歳の娘を持つ三八歳の共働きカップルとして、ごく標準的な家庭生活を送っている。

「ぼくが養子に躊躇しなかった理由？　そうだね、ぼくは五人兄弟なんだけど、みなそれぞれ三人くらいずつ子どもがいるんだ。大家族に慣れているからか、家庭をつくるなら、やはり子どもがほしかった。とはいえ、うちの兄弟は様々でね、いろんな家族がいるんだよ。離婚している兄弟もいるし、離婚した女性と再婚して、再婚相手の子どもを育てている兄弟もいる。本当に人生いろいろだ。だから、自分の子どもでなければ幸せになれないなんてことはない、と最初から思っていた。ぼくたちが養子をもらったこと、母もとっても喜んでくれたよ」

子どもたちには、実の親はほかにいるということを話してある。レアが七歳になった時、本人を前にきちんと説明した。七歳と言えば、フランス語で別名、「理性の備わる年齢」と呼ぶ。レアがいつかそうしたいと思ったら、ＤＡＳＳに保管されている実の母についての書類をいっしょに見に行こう。グザヴィエはそう約束したそうだ。ふたりの娘が思春期を迎える時、また大人になった時、どんな反応を見せるのか、どんな行動を取るのかは予想できない。だが、それも含めて冒険だと、グザヴィエは思っている。クレールといっしょになろうとしたその時点で、冒険はすでに始まっていたのだ。後悔はない。

「養子だからって、何か特別なことをしているとは思わない。ぼくはおむつこそ替えなかったけど、着替えはよく担当したね。ベビーシッターのところに朝預けに行くのはぼくの役目だった。母親が連れていくと、甘えてなかなか離れないいんだ。いまはふたりを幼稚園と小学校に送っていくのがぼくの役目。お迎えはクレールの担当だ。父親であるぼくの方が、権威があるって言えるかもしれない。クレールが言ってもきかない場合、ぼくが出ていけば言うことをきくことが多い。父親の方が子どもを突き放せるからなんじゃないかと思うよ」

大企業で働き、妻にも公務員という安定した地位があるので、経済的な心配はない。

「ぼくはサーフィンが趣味だから、ヴァカンスにはけっこうお金をかけている。子どもたちにもいい思い出をたくさんつくってやりたいと思う。もちろん、礼儀とか、挨拶とか、そうした躾もぼくにとってはとっても大切だ。しっかり勉強して、ちゃんとした職に就いてほしいと思う。働いて稼がなくちゃ、いい思いもできないからね。ぼくってけっこう堅実派かな？　軍人だった親父に似ているのかな。出すものは惜しまず出すけど、甘やかしたくはないんだ。プレゼントは誕生日とクリスマスだけにしている。

父もそんな人だった。ぼくが二五歳の時死んでしまったけどね。若い時からぼくは大工仕事が得意だった。修理とか、ペンキ塗りとか、家の手伝いになることをすれば、父はアルバイト代だといってけっこう小遣いをくれた。ただし、いい加減な仕事をすると、くれない。きちんとした仕事をすれば、ちゃんと認めてくれる。労働と報酬の関係を、親父はそうやって教えてくれていたんだね」

自分の父親を見て、人は父親になる。血がつながっていなくても、その法則に変わりはない。

人工生殖とホモセクシャリティー

一九七六年、ということはもう三〇年も前になるが、南仏のニースであった裁判は象徴的であった。第三者が提供した精子で人工生殖を行った女性がいた。その時点で、夫はもちろん了解済みであった。ふたりが婚姻関係にある場合、先に見たように法律上は、夫が妻に生まれた子どもの父親ということになる。直訳すればこれを、「推定による父」と呼ぶのだからおもしろい。

一方で、今やDNA検査で本当に血のつながった親子なのかどうかを調べることができるご時世である。血のつながった親子でないことがわかれば、父親であることを拒否することも可能だ。つまり、ふたつの父親の定義が共存している状態なのだ。

さて、この父親にどんな心境の変化があったのかはわからないが、人工生殖で法律上の父親になったはずなのに、その人はしばらく経ってから、自分は人工生殖で生まれた子どもの父親ではないと、父親であることを否認する裁判を起こしたのだ。そして勝訴した。望まれて生まれたはずの子どもは、こうして父なし子となってしまった。

こうしたドラマを前に、人工生殖および遺伝医療技術がいかに父性の捉え方を激変させたかを思う時、身の震える思いを禁じ得ない。父だと名乗り出る、その言葉の重みに父性を依拠させるのか。それとも、ＤＮＡにだけ真実の根拠を置くのか。

第三者が提供する精子で人工生殖が可能になったのは一九七二年のことであった。先の裁判は、人工生殖技術の黎明期に起こるべくして起こった事件だったのかもしれない。親になる決断は重い。そんなに簡単に途中で、「いちやめた」と言われては困る。

一九九四年の生命倫理法には、人工生殖に際し、ふたりが親としての義務を果たすことを宣言することが必要だと明記されている。婚姻関係の有無は問われない。ふたりに親になる資格があるかどうかを判断するため、公の機関が調査を行うこともない。そこが、養子制度との大きなちがいである。

一九九二年には、人工生殖を進めている最中に夫が死亡し、凍結してある夫の精子を使って人工生殖を続行したいと訴えた妻がいた。その訴えは退けられたものの、こうした事例は日本も含めて世界中、無数にある。さらに代理母という要因が加わったため、母親さえ確固とした存在ではなくなってしまった。誰が父親なのか、誰が母親なのか、今後も、人工生殖による出産をめぐる混乱は避けられないどころか、ますます大きくなるかもしれない。

人工生殖の投げかける様々な問題は、同性愛者をめぐる議論とも直結する。フランスは同性愛者の結婚を認めていない。意外かもしれない。フランスは、いまの風潮からすると保守的な、というより非常に用心深い態度で臨んでいる。ヨーロッパでは、オランダ、ベルギー、スペイン、イギリスで同性愛者の結婚が認められている。デンマークとスウェーデンでは、以前からパートナーシップという形で同性愛者の社会的認知が進んでいる。

結婚制度は、親子関係を視野に置いた制度であるから、同性愛者に結婚を認めれば、いずれ同性カップルが養子を取ることも認めなければならないだろう。実際、オランダ、ベルギー、イギリス、デンマークなどでは制度としてすでに可能になった。だが、フランスは、同性愛者が養子を取ることに、非常に懐疑的な立場をとっている。

その代わり、一九九九年、パクス（PACS　市民連帯契約）という結婚に準じるフランス独自の契約が法制化された。同性どうしの結婚は認めないが、パクスという別の道を拓くことで、同性カップルの生活上の問題を解決しようという意向だった。

パクス契約の対象は同性カップルだけではない。男女のカップルでも、結婚したくないけれどある程度の社会的認知や保護がほしいという場合、この契約を結ぶことができる。結婚とちがうのは、市役所を通さず、裁判所の書記官を通すこと。結婚に準じていると書いたが、ひとりの一方的な決断だけで、契約解消ができること、双方が自動的な遺産相続者とはならないという点が結婚との大きなちがいだ。実生活では、健康保険や税金面など、婚姻関係にあるカップルとほぼ同じ優遇措置を受けることができる。

このように、フランスは同性愛者に結婚の権利を与えるのではなく、結婚よりゆるやかな結びつきのパクス契約の道を切り開いた。今後も、パクス契約の強化と整備が進められてゆくだろうと思われる。この六年の間に、約二〇万組がパクス契約を交わした。解消率は十二％である。

フランスの選択の根本にある考え方は、同性愛者が子どもを持つ権利より、子どもが異性の親を持つ権利の方が重要だ、という見解である。世界的に見て、同性愛者の結婚や養子を認めなければ進歩的ではない、といった風潮があるが、そこから一歩引いて、フランスは独自の価値観で道をつけていこうとしている。

「二年前からいっしょに住んでいるパートナーがいるけど、パクス契約は交わしていない。だれかに依存してしまうのがこわいっていう気持ちがどこかにあるんだ」

若き建築家のグレゴリー（二八歳）は言う。

十九歳の時、初めて同性の相手と性関係を持った。単なる性関係ではなく、相手を深く愛している、いっしょに暮らしてゆきたいと思った。悩みに悩んだ末、外国に出張した時、母と義父と兄にいちどきに電話で告白した。距離があることで、かえって告白しやすかった。グレゴリーが九歳の時に母と別れた父には、後からメールで伝えた。

父に会いに行った時、「将来どうするのか」とだけ、ぼそっと言われた。それ以外に、何か批判めいたことを言われた記憶はない。家族みなそれぞれのやり方で、グレゴリーをあるがまま受け止めてくれた。

「ぼくの父もそのまた父も、女性問題が絶えない人たちだった。母も祖母もそれでずいぶん苦しんだんだ。男性に魅かれる自分と、自分の生い立ちに関係があるのかどうかはわからないけど……」

パリのリヨン駅構内のカフェで会ったグレゴリーは、慎ましやかに、しかし率直に自分を語る。列車の発着を告げるアナウンスが絶えない。人が出会い、人が別れる風景が、私たちの横を無数に流れてゆく。

グレゴリーには、いっしょに暮らす相手との信頼関係に形を与え、確固たるものにしたい気持ちがある。同時に、だれからも自由でありたい気持ちもある。いつも永遠の愛を夢見て、蝶のように女性の間を飛び回っていた父のように……。グレゴリーは相反するふたつの気持ちの間で揺れている自分を強く感じている。

母と父は喧嘩が絶えない夫婦だった。両親が離婚した時は、子供心にうれしかったほどだ。離婚の後、母は病院で働き、たいへんな思いをしてグレゴリーとその兄を育てた。父親は養育費を払うような人ではなかった。しばらく後、母は二人子どものいる男性と再婚し、家庭はようやく安定を得た。

「子どもを持ちたいかって？　やっぱり将来的にはほしいと思っている。どういう形になるかはわからないけど、子どものためにきちんとした家庭をつくってやらなきゃと思うから、その時は、パートナーとパクス契約を交わすことになるだろうね」

正式な統計はないが、ゲイの権利拡張のために闘う市民団体によると、フランスには、同性愛者どうしの家庭で育てられている子どもが二〇〇四年の時点で二〇万人はいるといわれている。男どうしと女どうしの同性愛者カップルが、内々の契約を交わして子どもをつくり、いっしょに育てるケースもある。実父と実母がいるにしても、この場合の性は、生殖を可能にする道具にすぎない。性を単なる道具に貶めてしまっていいのだろうか。

人工生殖技術の発達が、性の道具化の傾向に拍車をかけたことは否めない。女どうしのカップルの場合、片方が人工生殖を受ければ子どもは持てる。フランスでは両親がそろっていないと人工生殖は許可されないが、すぐ隣のベルギーまで出かけていって人工生殖を試みるカップルも少なくはない。ひょいと陸続きの国境を越えればできることだから、そう難しいことではない。フランスに戻って、通常の妊娠届けを出せば、結婚していない女性がどこかの男性と性交渉を持った末に子どもを産むのとなんらちがいはない。人工生殖技術と同性愛者カップルの問題は、このように密接に絡み合っている。

二〇〇六年三月、ブルターニュ地方のナント市で、なかなか奇抜な様相を呈する裁判に判決が下された。

女どうしの同性愛者カップルが、一方が人工生殖で産んだ子どもをいっしょに育てていた。その子どもに対し、腹を痛めなかった方の女性が、「父親出産休暇」を取りたいとして、それを拒む健康保険機関を訴え出たのだ。

判決では、父親出産休暇は「母親の伴侶」の権利ではなく、子どもの「父親」に対して与えられるものだとして、カップルの訴えは退けられた。常識からすると、当然のような気もする。しかし、事態はここまで進んでいる。誰が父親か、母親かという問題は、すでにそれだけでも複雑なのに、さらに男、女という区別さえ取っ払ってしまおうということになると、人間社会の基盤が大きく揺さぶられることになる。どんなに科学技術が発達しても、子どもはふたつの異なる性の結びつきによってしか生まれない。その事実を、便宜上とはいえ、このカップルのように無視していいのだろうか。社会が「父」と呼ぶものの場所を、女の性を持つ者が獲得することで、何か利益があるのだろうか。言うまでもなく、それは人工生殖技術が生殖と性を完全に切り離すことに成功したひとつの結果であるわけだが、この結果を私たちはどうやって引き受けたらいいのだろう。

いまの時点で、フランスは同性愛者カップルが養子を取ることに「ノン」という結論を出しているが、同性愛者の権利拡張のための活動も盛んである。今後どういう展開を見せるかは定かではない。確実な道標を見失い、暗中模索の状態にあるいまだからこそ、ひとりひとりが問題から逃げることなく真剣に考えたい。子どもはいつの時代も、私たちの未来図そのものなのだから。

性差については第5章で再び立ち戻り、別の角度から検証することにしたい。

複合家族——パパ？それとも……

ドミニク（四二歳、大型スーパー勤務）はいまだにわからない。なぜ、義理の娘のノエル（十四歳）が自分たちのもとを去ったのか。

ノエルの母ヴァレリー（三九歳、店員）とドミニクは、ヴァレリーの夫を介して出会い、出来過ぎた映画のワン・シーンのように、一目で恋に落ちたのだった。その時、ヴァレリーには、まだ一歳にもならないノエルがいた。しかし、運命の糸に引かれるようにして、ヴァレリーは娘を抱いたまま夫のもとを去り、ドミニクと生活を始めたのだった。

ドミニクはノエルを自分の子ども同様に育てた。おむつの世話も離乳食作りも、実の母親であるヴァレリーよりも熱心だったかもしれない。ノエルはドミニクを「パプネ」と、「パパ」をひねった愛称で呼んだ。呼び方が「パパ」でないことを除いたら、どこから見ても本当の親子同然であった。

ノエルは隔週で、実の父親のうちに週末を過ごしに行っていた。父親も再婚したので、いまはノエルに半分血のつながった弟がいる。いわゆる複合家族の状況だ。

離婚も再婚も多いフランスで、複合家族と呼ばれる家族形態が注目されるようになったのは、一九九〇年代のことである。複合家族とは、単に子連れ再婚を意味するのではなく、子どもが、別れたもう一方の親とも定期的に会い、ふたつの家庭の間を行き来している状況が必要条件である。この場合、ノエルは父親の家庭と母親の家庭、両方の円を重ねたその中心にいる。たとえ父親と会う時間は少なくても、ふたつの円の全体が、ノエルにとって家族だと言うことができる。

父方の祖父母との関係も切れていないし、父親の再婚相手の両親と会うこともあるので、「祖父母」は合わせて八人にもなる。法律上の家族関係からはみ出していても、事実上、広範囲の「家族関係」を築いている。複合家族というのは、夫婦関係に視点を置くのではなく、子どもを中心に据えた場合の家族関係の総体を指すものだと捉えればいいだろう。

子どもにとっては、父母が別れてもふたりが父親と母親であることに変わりはない。離婚がありきたりの社会現象となり、もう引き返せないとわかった時、フランスは、夫婦関係と親子関係を切り離して子どもの利益を優先する方向へ舵を切った。つまり、夫婦関係が終わっても、ふたりの親と子どもの関係はずっと続くべきであり、尊重されねばならない、という基本姿勢である。

もちろん、ノエルの場合、母親の家庭で成長したのだから、その比重の方が大きかったはずだ。父親とはたまにしか会わない。しかも、母親の伴侶となったドミニクは、本当の父親以上に父親の務めを果たしてきた。しかし「パパ」の場所を奪おうとしたことは一度もなかった。片言しゃべり始めた時、ノエルはドミニクをしかし、「パパ」と呼ぼうとした。「パパ」の代わりに「パプネ」という呼び方を提案したのはドミニク自身であった。

「そうなんだ、ぼくたちはふつうの親子とまったく変わらなかった。むしろ、ふつうの親子よりずっと仲が良くて、うまくいっていた。それがある日、本当に突然、ぼくたちの関係はガラガラと崩れてしまった。ノエルが父親といっしょに暮らしたいって言い出して……」

思春期に入り、なんとなく難しくなってきたな、と感じ始めていた頃だった。いつものように、週末を父親のもとで過ごして帰ってきたノエルが、目を伏せたままひとこと言い放ったのだった。

「これからは、パパのうちで暮らしたい」

母親であるヴァレリーの受けた衝撃は言葉で表現できないほど大きかった。もちろん、ドミニクのショックもそれに劣るものではなかったが、仕事に行けないほど落ち込んでしまったヴァレリーを前に、ドミニクまでへたり込んでいるわけにはいかなかった。

パリ南の郊外にあるドミニクとヴァレリーの家は、まるで御伽の国の小人か妖精の家のようだ。庭は広い。緑滴る庭のそこここに、ドミニクの彫刻作品の動物たちが草や花の影から顔を覗かしている。家自体は小さいが、彫刻やモザイクを趣味にしているドミニクの手作りの味が隅々に感じられる。あちこちに施されたモザイク模様の素朴な風合いが心地よい。

だが、家はたしかに手狭だ。小さなサロンに小さな食堂。ダブルベッドに占拠された夫婦の寝室。それだけ。ノエルの部屋は、場所がないので半地下につくった。半地下ではあっても工夫が凝らされ、うす暗いながら懐に抱かれるような暖かい空間が演出されている。想像力に溢れた芸術家肌の「パプネ」に愛され、ノエルはおそらく幸福な子ども時代を過ごしたことだろう。

それなのに、なぜ……。

「ノエルもはっきり理由を言ってくれない。自分でもうまく言えないのだろう。ぼくの稼ぎは少ないし、ヴァレリーの稼ぎと合わせてやっと人並みに暮らしていける状態だ。でも、ぼくには贅沢をしたい気持ちもないし、三人、あるものを分け合って心豊かに過ごしてきたつもりだ。思春期に入って、ノエルはぼくたちとの生活に不満を感じ始めたのかもしれない。実の父親は裕福だし、モダンで広い家に住んでいる。父親の家はどこもかしこもクリーンでいい、というようなことを洩らしたことがある……」

ノエルの気持ちは固く、話し合っても糸口は見えず、ほどなく父親の家に引っ越していってしまった。ヴァレリーもドミニクも、あえて裁判沙汰にはしなかった。だが、ふたりの胸の内は複雑だ。特にヴァレリーは、ここまで育ててきたのに、娘に裏切られたという思いから立ち直れていない。

週末、最初は定期的にふたりのもとに顔を見せていたが、この頃約束をすっぽかすことが頻繁になってきた。電話も間遠になった。あんなにかわいがって実の娘のように育てたのに、なぜなのか。自分たちの生活スタイルより、父親の生活スタイルの方が、ノエルには魅力的だったのだろうか。愛し方が足りなかったのだろうか、とドミニクは自問する。

歩き始めたばかりのノエルが、前につんのめるようにして、「パプネ！」と叫びながら腕の中に飛び込んできた、あの柔らかいからだの感触。肩車して走ると弾けるように高らかに響いたノエルの笑い声。エクボのある小さな手を引きながら、何度となく散歩した公園の四季……。それらがいっせいに蘇る。

すべての親に、いつか子どもから見向きされなくなる日がやってくるのだろう。だが、こんなに急に、しかも育ての親を捨てるようにして、実の父のもとに去っていってしまうことなど、どうやって予想できただろう。ヴァレリーがあの日、振り切るようにして夫のもとを去ったことに対する、別の角度からの仕返しなのだろうか。

「またいつか、ひょいと帰ってくるかもしれない……」

ドミニクは呟いた。その言葉の響きは、予感というよりは一縷の希望のように、ほんの一瞬、ドミニクの瞳に光を点した。

パリのような大都会では、二組に一組のカップルが離婚すると言われ、今後も複合家族が増えてゆくことは確実である。しかし、複合家族といっても、親の年齢や、子どもが母側、父側のどちらに何人いるのか、どの程度の頻度で別れた親と会うのか、などの条件によって千差万別だ。とても十把一絡げにはできない。

アルノー（四四歳、旅行会社役員）の場合はどうだろう。

「実の娘でなくても、自分の娘と同じように、日常を支えて愛情を注いで育ててきたつもりだ。そりゃ、自分の娘には特別な愛着があるけれど、どちらか選べと言われると、やっぱり選べないね」

再婚した相手の娘ソフィー（十八歳）と暮らす生活が十年続いている。自分の娘ではないから、近所の人と話す時も、「義理の娘」と最初からはっきり言う。離婚や再婚など、自分の人生に起こったことを隠すつもりは毛頭ない。

同じ年齢の実の娘がひとりいるが、その娘は別れた妻と暮らしていて、二週間に一度、アルノーのうちに週末を過ごしにやってくる。そういう複合家庭だ。血のつながりはないが、ふたりの娘は娘どうしでうまくやっている。実の娘が来た時、心おきなく過ごせるように、彼女の部屋はいつもそのままにしてある。そのため、ふたつある寝室はふたりの娘に取られて、夫婦はサロンの一角にベッドを置いて寝ている。

「ソフィーにとって、ぼくは法律上の父親ではないから、実の父親の場所は侵害しないように気を遣っているよ。うちみたいな家庭の場合、親子の距離感が鍵になる。ソフィーはソフィーで、母親の夫であるぼくをきちんと尊重してくれている。こういう環境で育ったからか、早熟だし、独立心も強いよ。ぼくの実の娘よりしっかりしているくらいだ」

二〇〇二年の改革で、共同親権の強化がなされたことは先にも書いた。離婚が増加し、もはやこの動きを止められない以上、子どもたちが親どうしの別離の犠牲になってはいけない。親に何が起ころうと、子どもに対しては最後まで親としての義務を果たすべきだ。そういう社会全体の認識が背景にある。一方で、子連れ再婚もふつうになり、複合家庭が形成されると、アルノーやドミニクのようなたくさんの「育ての父」が生まれることとなった。徐々に、これまでは法律上、まったく無視してこられた育ての親の権利をどう捉えるかが切実な問題として浮上してきた。

二〇〇二年の法整備は、こうした育ての親の立場にも初めて配慮を示したという意味で画期的である。子どもの利益が最優先という大原則をいっそう強固にしたため、「子どもの利益」にかなっているなら、育ての親が面接権を獲得することも決して不可能ではなくなったのだ。

それまでは、再婚によって生まれた家庭がさらに解体した場合、育ての親は、伴侶の子どもに対して何の権利も主張できなかった。自分の子どもではないのだから。

それが、子どもの親と別れる事態になっても、「子どもの利益」に鑑みて面接権を主張することが可能になったのだ。もちろん、「子どもの利益」というのも広がりが曖昧な概念だから、どういう判断が下されるかはケース・バイ・ケース。家庭裁判所の判事しだいという面が大きい。それでも、「親」の概念は血縁や婚姻関係を超えて、さらなる広がりを獲得しつつあると言える。

4章 神と精神分析

はじめに言葉ありき、父ありき

「天にましますわれらの父よ、願わくはみ名のとうとまれんことを……」と、主祷文の祈りの言葉は始まる。この祈りの言葉が示している通り、カトリックの国フランスで、父と神という概念は切っても切り離せない。

父性を考える時、その民族や国の宗教的背景を無視することはできないだろう。日本人の私たちが想像することはなかなか難しいのだが、フランス語で「父」と言った時、父という言葉は幾層もの奥行きを持って耳を打つのだ。言葉の後ろに広がるそうした精神性、宗教性に、この章ではひとこと触れておきたい。

精神分析学と父という概念のかかわりも無視するわけにはいかない。西欧文明において、キリスト教と精神分析学は、父性という抽象的な観念を支えるふたつの大きな柱であろう。

十字を切る時、信者は「父と子と精霊とのみ名によって。アーメン」と唱える。この場合、イエスが子、神が父であり、そこに精霊も加わって、初めて神の全体像が焦点を結ぶ。三位一体説というものだ。

イエスは地上に送り込まれた神の子であり、かつ神自身だという、ちょっと矛盾するようなややこしい構造になっている。イエスは私たちと同じように人間としてその運命を生き抜き、人間の限界を受け入れることで、神の愛を地上に示した。すべての人間にイエスのように生きることが求められている。

キリスト教において、すべての人は神の子なのである。洗礼という儀式はそのためにある。イエスの死を通じて一度自己の死を受け入れ、水をくぐって新たに再生する意味がある。自分の出生とは別に、洗礼を通して人は神の子として再生し、キリスト教徒として再び地上に立つ。神こそが父なのだ。

さて、旧約聖書の創世記では、「光あれ」と神が言い、そして光がつくられた。「はじめに言葉ありき」である。これが世界創造の一日目。

二日目には、「水の間におおぞらがあって、水と水とを分けよ」と言葉が発せられ、大空がつくられた。三日目には陸と海が分たれ、植物がつくられ、四日目には太陽と月と星がつくられ、昼と夜が分たれ、五日目には生き物が創造された。いつも創造に先立ち、神が発する言葉がある。

六日目になって、神は自分の「かたち」に似せてわれわれ人間を創造した。

「生めよ、ふえよ、地に満ちよ」

神はこう言って祝福した。

キリスト教においては、神が発した「言葉」によって世界が創造される。言葉が発せられることによって初めて世界は存在する。ここが肝心なところだ。「光あれ」という言葉、つまり神の意思がなければ、光は存在しなかった。意思は言葉によって示される。混沌からあるものを取り出して存在させるためには、それを混沌から「分つ」こと、つまり「距離」をつくることが必要だ。言葉こそが、その「距離」なのである。

キリスト教における神と人間の関係は、天地創造の時点から、ひたすら言葉に依拠したものである。造物主と被造物の関係は、親と子の関係にたとえられるだろう。この場合、親子関係は言葉という「距離」によって、渾然一体の母子関係とは一線を画し、父子の関係として立ち現れてくる。

この点において、日本の精神風土と大きなちがいが見られる。日本のように、母なる大地、または母なる自然を崇める土壌にあっては、人間は混沌とした自然の懐に抱き取られており、自己と世界の境は曖昧である。人間は四季の移ろいに神性を見出し、そこに溶け込んでおり、自然のそこここに宿る神々と人間の関係は、むしろ母子の関係に近い。

よく、神の子イエスは男性で、使徒たちも全員男性で、蛇にそそのかされてりんごを食べた最初の女性イブは天国からの追放を招いた悪者として位置づけられているから、キリスト教は女性蔑視だというような言説を耳にするが、それほど単純な話ではないようだ。

聖書物語の中で女性たちの果たす役割は男性に勝るとも劣らず大きい。ここでその点をくわしく掘り下げる余裕はないが、キリスト教文化圏の精神的基盤が、父子関係の上に築かれているという事実は、客観的に受け止める必要があるだろう。

言葉は、何かと何かを「分つ」ものである。混沌から何かを抽出し、「それ」と示すもの。混沌でしかなかった世界、そこに「光あれ」という神の言葉が発せられることによって、闇から光が分たれる。天地創造は、自然の威力といった曖昧模糊とした世界の話ではなく、ある確固とした意思を示す。

創造された世界を人間に置き換えれば、生まれ落ちたばかりの人間は、創造される前の混沌に似ている。あらゆる可能性を秘めた混沌。そして母親と子どもは、まだ渾然一体、肉体的にも精神的にも境がはっきりとわからない状態にある。そうした混沌に、意思を持って「かたち」を与えるもの、それが父親なのではないか。

現代的なパパ、ヨセフ

聖書の登場人物のうち、父性という視点から見て最も興味深いのが、イエスの育ての親、ヨセフである。ヨセフの生涯はほとんど知られていない。聖書の中にもくわしい記述はない。大工だったこと、働き者だったこと、イエスを手塩にかけて育てたこと、わかっているのはそれくらいのもので、詳細は闇の中である。どのようにしていつ亡くなったのかもわからない。しかし考えようによっては、ヨセフは、実はたいへん現代的なパパなのである。

物語のはじめに立ち返ってみよう。新約聖書の世界で、イエスは人間の子としてこの世に降臨する。

物語の始まり方にまず驚かされずにはいられない。なぜと言って、身籠ったマリアは処女であり、その婚約者ヨセフはマリアに指一本触れていないというのだから。信仰のない者なら誰しも、冗談じゃない、と思うだろう。マリアは、神の子を身籠ったというお告げを受け、たいへんな衝撃を受けながらも最終的にはその事態を受け入れる。一方、当時の社会道徳からして、ヨセフは結婚前に身籠ってしまったマリアに怒り、婚約を解消して当然だった。実際、そうしようとも考えたようだ。しかし、ヨセフは夢の中でお告げを受けるのだ。

「心配しないでマリアを妻として迎えるがよい。その胎内に宿っているものは聖霊によるものである。彼女は男の子を産むであろう。その名をイエスと名づけなさい」（日本聖書協会「聖書」一九九五年版マタイによる福音書）

ヨセフはお告げを聞いて、マリアを妻とすること、その胎内に宿っているイエスを自分の子どもとして引き受け、育てることを決意する。並大抵の人間にできる決心ではない。

こうしてイエスは、名もなく貧しいマリアとヨセフ夫婦に、ふたりの子どもとして育てられることになる。

ヨセフは最初から自分が「血のつながった父親」ではないことを承知していた。そればかりか、誰が「実の父」かも知っていた。それなのに、命がけで自分の子としてイエスを守り抜く。ヘロデの新生児皆殺し作戦をかいくぐり、大工仕事でこつこつと日銭を稼ぎ、イエスを飢えから守り、忍耐強く仕事を教え、ユダヤ教の教えを伝授し、教育し、寡黙に父親としての務めを果たす。それだけでもたいしたことだが、ヨセフの本当の偉大さは、去るべき時に、イエスを「本当の父」の手に委ねたところにあるだろう。これはマリアにしても同様である。

親はある時、子を手放す。ヨセフもマリアも、いずれイエスを手放さなくてはならない。そのことを、ヨセフとマリアは誰よりもよく知っていた。ルカによる福音書で名高い寺院の場面は、いかにも何気ない感じの挿話でありながら、キリスト教世界における親子関係のひとつの到達点を象徴していて意味深い。

十二歳になったイエスは、ある時エルサレムで姿を消してしまう。両親は慌てふためき、心配してあちこち探しまわる。さんざん探しまわった挙げ句、三日後になってようやく、寺院で議論しているイエスを見つけ出す。

「どうしてこんな事をしてくれたのです。ごらんなさい、おとう様もわたしも心配して、あなたを捜していたのです」

おそらく泣き出さんばかりの勢いでマリアがなじると、イエスは生意気にも、というか、飄々とした様子で答える。

「どうしてお捜しになったのですか。わたしが自分の父の家にいるはずのことを、ご存じなかったのですか」

ヨセフもマリアも、ぽかんとした顔で息子の顔を見つめたことだろう。この子は一体何を言っているのか、と。十二歳と言えば、子どもとおとなの境界区へさしかかる年齢だ。この時、イエスはすでに自分の本当の父が誰なのかを知っている。「父の家」というのは、寺院、つまり「神の家」のことを指す……。

この事件の後、イエスは、一度は従順に両親に従ってナザレに帰るが、それから間もなくして預言者ヨハネの洗礼を受ける。その時、「天が開けて、精霊がはとのような姿をとってイエスの上に下り、そして天から声がした、『あなたはわたしの愛する子、わたしの心にかなう者である』」。

神の子イエスの運命の幕が切って落とされた瞬間である。イエスは「実の父」である神の子として、いま、歩み出したのである。不思議なことにルカ伝では、この場面の直後に、まるで念を押すようにイエスの系図を辿り直している。

イエスはヨセフの子、ヨセフはヘリの子、さらにマタテ、レビと続き、それから延々とさかのぼって、人間の始祖アダムへ至る。系図を確認することで、筆者はイエスがヨセフの息子であったという点をもう一度ここで確認したかったかのように思える。なぜなら、この後、ヨセフの姿は聖書からかき消えてしまうのだ。ヨセフは、イエスが自分は神の子だという認識をはっきりさせ、それを洗礼という形でいわば「コンファーム（確認）」した直後に、まったくみごとというほかないやり方で、姿を消してしまうのである。一方、母のマリアは最後の最後まで、イエスの殉教と死につき添っている。

ヨセフのこの潔さというか、子どもとの距離の取り方は絶妙であり、感動的でさえある。聖書物語中、重要な役割を果たしながら徹頭徹尾、陰の役割に甘んじるヨセフに、キリスト教文化における父親のひとつの理想像が凝縮されていることはまちがいない。

血のつながりはなくても、子どもをまるごと引き受けて育てる。守り、育み、すべてを与えながら、何も求めない。子は、親の個人的な幸福のためにあるのでなく、その子の使命を地上で全うするために生まれてきたのだと、そう胸に秘めて、淡々と自分の役目を果たす。

聖書など古い夢物語だと笑い飛ばすのは早計だ。再婚による複合家族や人工生殖の発達による複雑な親子関係に揺れる二一世紀において、言葉少ななヨセフの姿は、実際、あちらにもこちらにも見られる。

マリアを身籠らせたのは精霊だということだが、現代は人工生殖技術によって、父の介在しない生殖が可能になっている。子連れ再婚の増加によって、自分と血がつながらない子どもを育てる父親は多い。父親は、血のつながりによる親子、法律上の親子、生活上の親子など、解体された関係性の中で、それぞれが自分の役割を見極めつつ、「もうひとりの父」を尊重しながら自分の責任を果たしていかねばならない。私たちの時代、父親であるにはかなりのバランス感覚が求められる。ヨセフは現代を先取りして、父親のひとつの理想を示した、古くも新しい父親像なのである。

繰り返すが、ヨセフは、はじめから自分が子どもの本当の父親ではないということを知っていた。子どもはあくまで預かり物。自分の所有物ではない。本当の父は別のところにいる。神父と呼ばれる人たちも、信者たちに対してそうした役回りを担っている。

神と地上との媒介者である以上、神父もやはり父（Père）と呼ばれる。自分の人生をまるごと、神である父と信者である子らに捧げると決心した人たち。彼ら聖職者たちもまた、信者に対して父の役回りを引き受けている。そうしながら、最終的には神父も含めて、みな神の子なのである。

神父も含めてすべての子（人間）は、洗礼という儀式によって、神と新たな親子関係を結ぶのだった。別の言い方をすれば、洗礼によって人はもう一度生まれ出て、神を父として新たに選び取る。おそらく、西欧における父というもののもうひとつの側面がここにある。父とは、ある意思によって「選び取られし者」なのだ。

対する母という概念にしても、そう単純ではなく重層構造になっている。神が父だとしたら、母にたとえられるのは教会である。母なる教会は、信徒である子らをまとめ上げている。しかもカトリック教会は、父と母という二項対立を内蔵している。

一方に、説教（言葉）を通して人々に精神の糧を与える神父がいる。そしてもう一方には、イエスを胎内に育み、乳を与えて育てた聖母マリアが、子イエスにしたと同じように、すべての人間を慈しみ見守っている。マリア信仰はプロテスタントには見られないが、カトリック教会におけるマリア信仰の重要性は図り知れない。カトリック文化圏が発する濃厚なエロスの陰影の源はこのあたりに由来するのだろうと思われるが、ここでは深追いしない。ただ、フランスのようなカトリック文化圏における「父」と「母」をめぐる観念の奥行きの広さに読者の注意を喚起するに留めておこう。

エディプス・コンプレックスを脱して

西欧における父性を考える時、エディプス・コンプレックスに触れないわけにはいかないだろう。

フロイトによって精神分析学が確立し、精神分析という武器を携えて、無意識の領域への探検が始まってから約一世紀。精神分析は確実に西欧文化の一部となっている。フロイトは、人間が無意識に突き動かされていることを明らかにし、人間の闇の部分に次々と光を当てていった。たとえば、神経症の原因を父親という役割が機能していないことにあると見た。

さて、問題のエディプス・コンプレックスだが、これはフロイト理論の核をなすものである。広辞苑によると、「男の子供が無意識のうちに母親に愛着を持ち、自分と同性である父親に敵意を抱く傾向」とある。精神分析学の最先端では、フロイトがすべての真実の鍵を握っているとはもはや考えられていないが、西欧人の意識の中で、エディプス・コンプレックスが人間の成長過程における最大のキーポイントとみなされていることに変わりはない。

エディプス・コンプレックスの「エディプス」とは何か。ギリシャ神話に登場する、テーベ王となったオイディプスにちなんでいる。ソフォクレスが書いた悲劇としても『オイディプス王』の物語は有名である。

テーベの王ライオスと王妃イオカステは、実の息子に殺害される運命にある、という神託を受け、生まれたばかりの息子を捨てる。これがオイディプスである。オイディプスは牧人にひろわれ、出生の秘密を抱えたまま、コリント王の子として育てられる。ところが運命の悪戯で、オイディプスは自分の父であるライオスを、テーベ王と知らずに殺害してしまう。一方で、スフィンクスのかけた謎の答えを見つけられずに危機に陥っていたテーベの町を、オイディプスが正解を示して救う。その褒美として、オイディプスは、実母とは知らずにイオカステを妻に迎え、テーベ王の位に就くのだった。

そして後に、テーベに悪疫が起こった時、悪疫を払うために先王の殺害者を探すうち、オイディプスはそれが自分自身だったことを知る。しかも、妻にしたのは自分の母親だったのだ。そうと知ったイオカステは命を絶つ。オイディプスもまた自ら盲目となり、すべてを捨てて放浪の身となる……。

これが物語の骨子だ。スフィンクスの謎に似て、底なしの沼のような恐ろしさと抗いがたい宿命の魅力を秘めた物語である。この神話を下敷きに、フロイトは子どもが両親に対して抱く愛情と憎悪の総体としてのエディプス・コンプレックス理論を打ち立てた。簡単にまとめれば、子どもは成長の過程で、異性の親への性愛に突き動かされ、競争者である同性の親を邪魔に思い、その存在を消したいという無意識に支配される時期があるというものだ。こうやって書くとおどろおどろしいが、誰もが三〜五歳頃に、「わたしはパパのお嫁さんになりたい」とか、「ぼくは大きくなったらママとけっこんする」などと口走るものだ。この時、異性の親が子どもの前に立ちはだかることになる。

「ママはパパの妻なんだよ。だから君がママと結婚することはできない。でもきっと、大きくなったら、君が結婚したいと思う相手が現れるよ」

こうやって、たとえば父親が子どもと母親の間に立ちはだかることで、子どもは自分がまだ性的に一人前ではないこと、成長を待たねばならないことを自覚する。そして、性的な欲望（もちろん無自覚なもの）の相手は、親以外のところに求めなければいけないことを教えられるわけだ。成長とともに、子どもは父親の規範（ルール）すなわち社会の規範を受け入れ、男の子だったら母親への性愛を、女の子だったら父親への性愛を断つ。こうして子どもは自身に固有の性を確認し、社会性を獲得してゆくのだ。

エディプス・コンプレックス期に子どもが発する問いを親がしっかり受け止めることが重要だとされる。また、子どもは、父母に挟まれふたつの性のちがいを感得しながら成長することで、自分の番が来た時、極端な依存関係を回避し、バランスの取れた男女関係を築いてゆくことができるとされている。

　話が飛ぶようだが、フランスで、日本のように畳に親子が川の字になって寝る風景は想像できない。寝室はあくまで夫婦のものであり、夫婦の聖域と言っても過言でないほどだ。子どもが日曜日の朝、両親のベッドにもぐりこんできて親子で睦み合うというような光景は、若い世代には見られるが、けっこう最近の傾向であって、今日高齢者を構成する世代は、両親の寝室に入ることさえ、めったやたらにはできなかった。

　西欧文化の中で、寝室というのは、非常に性的な、つまり最もプライベートな空間なのである。そのことからもわかるように、子どもと母親の密着度が高い日本からは考えられないほど、夫婦の関係が重視されている。はじめにカップルありきで、最初から最後までカップル中心の生活である。象徴的なのは、街角で出会う親子の風景だろう。子どもの両手を父と母が両側から引くより、夫婦が手を組んで、子どもはどちらかの親の手にぶら下がっている光景の方がふつうだ。両親は子どもに対して、子どもが親元を離れた後、異性と新しい関係性を築いて独立してゆくための、いわばひとつのモデルとして君臨する。

もうひとつ押さえておきたい点は、フランスにおけるフロイト派の総代ラカンの視点だ。ラカンにとって、父とは何より、母親がそれと指し示す人のことだ。母親が自分と子どもの間にわざわざ場所をつくってあげる、その人のこと。言い換えれば、父親をつくるのは母親なのである。さらには、母親は父親の場所をつくることで、子どもに、父親が体現する社会の掟（ルール）の在処を示す。母親自身もそのルールに準拠しているのだということを子どもが理解することが肝心なのであるが、それは、母親が「この人」と指し示す父親を通して行われる。

母と子が渾然一体となった至福の関係は、いずれ終わりを告げなければならない。できればなるべく早い時期に、母親は子どもに、「あなたの存在だけでは私は満たされない」と、明示してやる必要がある。母親の目が自分以外のものに向けられている、母親は自分以外の存在（特に父親）に魅かれている、と感じる時、子どもは失望すると同時に、ある種の心の平安を得る。離れていっていいのだ、と。だからこそ、子は母親とは別の「個」として成長を遂げるための道へ踏み出していくことができる。そういった意味で、母親と父親の間の性愛は、子どもの成長を促す大事な要素でもあるのだ。

ラカンの理論によると、父親の権威の裏づけは母親の手中にある。繰り返すが、この場合の「権威」は力関係とはちがう。母親が父親を大切に思い、父親の「場所」を尊重するか、支援するかどうかという問題だ。言い換えれば、母親は、母と父と子という三者の関係性のバランスの最大の鍵を握る存在なのである。

こうした精神分析学的見地からのアプローチがフランス社会に広く行き渡っていることは、第7章の「父親学」でいっそう明らかになるだろう。

父系社会と母系社会

人類学的アプローチによって明らかにされる側面にも急ぎ足ながら触れておきたい。父系社会と母系社会では、親子関係のあり方がまったく異なる。精神分析学とも絡み合って、これはいまなお議論が尽きないテーマだ。

西アフリカに古くから住むサラコレ族は父系社会だ。男性は女性を娶るために、女性の家族に貢ぎ物をする。そして、生まれた子どもは父親の家系の一員となる。つまり、貢ぎ物は子どもに対する父権の主張だと言える。子孫の繁栄が目的である以上、子どもが生まれない場合は、妻を実家へ返上することもできる。

父親は子どもに対して扶養する義務があると同時に、子どもに懲罰を与える権利も持つ。場合によっては、親族集団から追放ということもある。このように、父親は強大な権利を一手に握る。当然、子どもたちの模範的存在でなければならない。

一方、パプア・ニューギニアのメラニシア系母系社会では、子どもに懲罰を与える権利は母親の男きょうだいが握っている。「父─母─子」の三角形が「男きょうだい─女きょうだい─女きょうだいの子」で構成されている。父親と子どもの間に生物学的つながりがあるとは考えられず、子どもの誕生は、母親の先祖が送り込んだ一種の精霊のしわざとみなされた。しかし父親は、妊娠中の母親と性交渉を続けることで、胎内の子どもに自分の似姿を与えることができると考えられた。ここでは、生殖と性行為とをまったく切り離して捉えていることがわかる。

母系社会だから父親はないがしろにされるということではまったくない。子どもは母方の家系に属するので、父親は懲戒権はないが、子どもに愛情を注ぎ、生きてゆくための知恵の数々を伝える。かえって母親の家系の「外」の存在であればこそ、子どもの教育の柱、文化の伝承者として大きな影響力を持っている。

私たちの現代社会に当てはめると、懲戒権は父親でなく、裁判所などの行政機関や学校や団体組織が握っていることになる。したがって、いまの父親たちが果たす役割は、母系社会のそれに近いと言ってもいいのかもしれない。

人類学者プラデル・ドゥ・ラトゥールが説くように、父性のあり方のちがいは、宗教とも密接に結びついている（『無信仰と父性』二〇〇一年、EPEL出版）。大雑把に言って、母系社会は呪術と、父系社会は宗教と結びついている。

先に見たように、たとえばキリスト教文化圏においては、父から祖父へと先祖をどんどん辿ってゆけば、その遥か先で神と直結していることになる。逆に言えば、「父」は神の子孫であり、「父」は、神のましますところ、つまり「あの世」をこの世に体現する存在でもある（先に見たように、神父の存在を考えればわかりやすい）。ゆえに、権威を持つのである。

聖遺物というものがあるが、それは「あの世」に属するものであり、「父」は聖遺物に匹敵する権威を「あの世」から譲り受けていると考えられる。家族がひとつにまとまるには、横並びの家族関係を上から統合する他者の存在が必要だ。それが「父」なのである。そして社会がひとつにまとまるには、社会を超越した何らかの存在が必要である。それが神だと言うことができる。

呪術が支配する母系社会にあって、事情はまったく異なる。魔術の世界に、たとえば聖遺物のような「あの世」を象徴する聖なるものの存在は不要だ。アラジンのランプのように、ごく日常的に使われているものが、魔法の言葉が発っせられることによって突然、この世の使用目的から離れ、不思議な力を発揮する。かと思えば、発揮しないこともある。つまり、魔術は成功することもあるし、失敗することもある。賭けのようなものである。このいい加減さというか、大らかさというか、ある種の混沌が母系社会の特色であるかもしれない。

ランプであってもいいし、皿であってもスプーンであってもいい。日常の取るに足らない物が突如として、「あの世」と「この世」を結びつけるのである。先祖をさかのぼって神とつながってはいなくても、父親は母親とは「別の家系」に属する者である以上、「ここ」ではない「他所」からやってきた存在である。「他所」からの存在が魔法の言葉を唱えることで病気を治したり不幸を追い払ったりする。このようにして、父親は時に人智を超越した力の代弁者になることができる。しかし、権威を一身に集め、社会全体をまとめる神的な存在にはなれない。母系社会の父親の姿は、先ほども見たように、より現代の父親に近いもののように思われる。

遊牧民と定住民という対比のさせ方もある。その点については、小児科医で家族問題の権威のひとりであるアルド・ナウリが『父親と母親』（二〇〇四年、オディール・ジャコブ社）の中でわかりやすく分析している。

いわく、一神教を「発明」したのは遊牧民である。最初の一神教は、ユダヤ人の「発明」である。ユダヤ教における教典トーラは、母の権力を制限し、父による秩序を打ち立てようとしている。そして、そこでの神はＹＨＶＨと呼ばれた。呼ばれたとはいっても、ＹＨＶＨは発音不可能な表記である。神の名を口にするなど畏れ多いことだし、神は言語を絶した存在なのだ。それでも、ＹＨＶＨの意味は、「かつてあり、いまあり、これからもある」ということ。つまり、時間という流れの中での存在の三形態、それが神だということになる。遊牧民は、流れゆく時間の中に自分を位置づけ、父による秩序を社会基軸として選んだ。

一方で、定住民族にとっては、時間より、空間や土地との結びつきの方がずっと大切であった。定住民族にとって、土地はたまたま通過してゆくだけの空間ではなく、いのちのすべてを与えてくれる母なる根源的な存在である。神は、母なる自然と自分の関係性の中にこそあるのだ。また、定住民族は、土地を耕し、そこから作物を得て生活してゆく。当然、技術の工夫や組織づくりに長けていた。住民間の結びつきを高めるためにも、生産性を上げるためにも、大地を崇め、自然を崇め、豊穣をもたらす母性を崇める儀式が必要不可欠であった。そこに一神教が育つ素地はなかった。

世界はこのようにぴったり二分化されるほど単純ではないが、文化や社会の深部を流れている父系社会と母系社会の水脈の在処に意識を及ばせることで、それぞれの社会の問題点の輪郭がより鮮明に浮かび上がってくるのではないだろうか。

5章 父性をめぐる西欧史

ローマ時代からキリスト教の時代へ

父というものの定義は時代とともに変化する。その変遷の有り様を古代から現代までひととおり見渡してみよう。

ローマ時代、父親は子どもに対して絶対的権力を持つ支配者として君臨した。父親は子どもにどんな体罰を加えてもよかったし、売っても、捨てても、場合によっては殺すことも許された。親子関係は血縁とは一切関係のないもので、父親が子として認める意思を示しさえすれば、親子関係が成立した。理由は問われない。父親となる意思があるかどうか、それだけだ。

たとえ血のつながりのある子どもを妻が産んでも、夫が自分の子と認めなければ、親子関係は成立しない。つまり、ローマ時代の親子関係は養子制度に近い。父親の定義は血縁によるものではなく、社会的なものということになる。

第2章でも触れたように、父親は男児を抱き上げることで、その子を養う意思を示した。女児の場合は、養うように、と命じるだけでよかった。父親の役目は、養い、育て、教育すること。子どもが父親の期待に添うならば、相続権を与えた。

養い手のない子どもが増えると社会は乱れる。ローマ帝国末期には、それまで個人の領域だった親子関係に国が直接介入してくるようになる。社会秩序の維持のために、婚姻関係が社会の中心に据えられたのだ。現在の婚姻制度の原型である。つまり、子を産んだ女性の夫が、その子の父親とみなされる。しかし、これだと、婚姻関係の外で生まれた子どもは養い手がない。血のつながりがあっても、親どうしが婚姻関係になければ親子関係は効力を持たないからだ。

統治者の立場としては、いわゆる父なし子が増えるのは避けたい。しかし、子を養う相手を指定するための手段として社会の中心に据えられた婚姻制度も、その点を解決する特効薬にはならなかった。その後、婚姻制度はキリスト教と結びつくことで、一枚岩のような頑強な社会的基盤を築いてゆくことになる。

同時に、キリスト教の普及によって、殺すのも生かすのも父親しだいという暴君に近い父親のあり方は徐々に変化を見せるようになる。四世紀のコンスタンティヌス皇帝の時代になると、子どもを捨てたり娘を売春させたりする父親が父権を剥奪されるケースもあった。ある意味では、キリスト教の愛の精神が、父親の理不尽な制裁から子どもを解き放ったと言えるだろう。暴君としての父親は、父なる神に、その席を譲らねばならなかったのだ。しかし、キリスト教の教会法典も、当然、ローマ法の影響下にあり、婚姻制度の枠外で生まれた子どもを差別する点は変わらない。

ローマ法との最大のちがいは、キリスト教による結婚の倫理的な性格づけである。夫婦は互いに貞節を誓い合う。よって、婚姻関係内における親子の血のつながりこそが「正統」だということになる。まず夫婦ありき。まず婚姻ありき。ローマ時代から続く血のつながりとは無関係な父子関係のあり方（一種の養子制度）は姿を消すことになる。

中世を通して、結婚と信仰はいっそう堅く結びつく。結婚して子どもをつくることこそが、キリスト教徒の果たすべき崇高な義務、ひとつの理想となるのである。父性が婚姻制度の中でしか認められない時代が、以後、長く続くことになる。

愛情深い中世の父親たち

中世の父親たちについて研究が始まったのは、ごく最近、たかだかここ十年ほどのことである。意外なことに、中世の父親たちは、わりと子煩悩だったようだ。そういえば、先に触れたヨセフへの信仰が発達したのもこの時代である。

特に庶民階層では、男女の別なく、赤ん坊の時から父親が養育にかかわった。子どもの教育が父親の役割としてはっきり意識されるようになったのもこの時期だ。十四世紀頃には、貴族階級出身の父親や識者、宗教家の手で、数々の教育書が書かれるようになる。子どもが悪事を働けばそれは父親の教育のせいであり、父親は子どもの手本となる義務がある云々……。これらは当時の教育者の意見の一致するところである。

父親たちは子どもを注意深く見守り、教育し、時には遊び相手にもなる。中世の父親たちの姿は、けっこう現代の父親たちに近いものがあるかもしれない。マリア信仰が盛んになるのは十五世紀の頃で、百年戦争などの戦乱が続く中、人々は家庭の平和を心から求めていた。親が子どもたちに注ぐ愛情に価値が置かれるようになるのもこの頃だ。

毎年クリスマスには、動物と人間たち、または動物と人を象った置物によって、教会や家庭の一角で、厩《うまや》でのキリスト誕生の場面が再現される。これが中世の終わり頃にはたいへんな人気を呼ぶ。そこには、母親と変わらない細やかな愛情を示す父親ヨセフの姿がある。

ヨセフはかいがいしくマリアとイエスの世話を焼く。イエスにおもちゃをつくってやる。大工仕事を教えてやる。人形や絵画で表現されたそうした「家族愛」の場面の数々は、庶民の生活の現実の投影でもあったろう。ヨセフに代表される「やさしい父親像」は、蝋燭の温もりに満ちた光のように、暗いイメージに塗り込められた中世という時代を内側からほのぼのと照らし出している。

興味深いことに、中世の父親は子どもの顔つきや身体つきがいかに自分と似ているかどうかを非常に重視している。すべての特質は父親から伝わり、母親は胎児を容れておく器くらいにしか考えられていなかったため、子どもとの身体的類似性は父親の最大の誇りであったのだ。

また、子どもの名前（ファースト・ネーム）の選択は、血筋の継承という意味で非常に大事だった。家系の継承という意味では、もちろん姓が大きな意味を持つが、名前にはより個人的な思い入れがあったことだろう。祖父の名前をそのまま孫に伝えるという形がしばしば見られる。父の名をそのまま息子に伝えるケースもあった。つまり、まったく同じ名前がひとつの家系で何度も繰り返されることになる。こうして父親たちは、繰り返される名前の中に、自分の限りある命が受け継がれていく保証を得たのだろう。

近代――婚姻という砦

近代になると、結婚はより明確に、政治的・社会的機能を背負わされ、国のシステムを守るための砦としての役割を果たすようになる。子は父親に忠誠を誓う。臣下は王に忠誠を誓う。揺るぎない上下関係によって父権は王制と密接に結びつき、その地位を確固たるものにした。

十六世紀当時の成人年齢は男子が三〇歳、女子が二五歳とかなり高い。しかも、その年齢を過ぎても、結婚には父親の賛成が必要だった。さもないと、子どもは相続権を剥奪されてしまう。財産か、愛か、と二者択一を迫られたところに、おそらくいくつもの悲劇が生まれたことだろう。父親は子どもの結婚を意のままに操り、相続の形を定め、家系の安定の保証を得るのだった。

父親が絶対的な権力者として君臨していたのは事実だが、子どもに深い愛情を注いでいなかったわけではない。たとえば、フランス王の中でもプレイボーイとして名を馳せたアンリ四世（在位一五八九～一六一〇年）は、旅行から帰ってくるたびに、子どもたちにつき添い、教育に目を光らせ、それぞれの精神的な成長を注意深く見守っていたという。

跡継ぎはもちろん特別扱いだが、父親の厳しくも温かい眼差しのもと、嫡出子も非嫡出子もともに王宮で育てられた。跡継ぎのルイは、王がほかのきょうだいたちに示す愛情に嫉妬したほどだった。子どもたちを一人前の大人に育てようとする父親の熱意は、王であろうと庶民であろうと、そう変わりはなかったのだろう。そう知ると、現代の一庶民としては少しほっとしないでもない。

ルネッサンスの教育論

ルネッサンス期に活躍した文化人、ラブレー、エラスムス、モンテーニュら、ユマニストたちの父親観はどんなものだったのだろう。その時代、家族や父のあるべき姿を説いた著作は数え上げればきりがないほどだ。

父親に権力が集中している状況は変わらないが、それでも、父親は単に権威を振りかざす存在であってはいけないのであって、子どもに対して果たすべき大切な義務があると考えられた。その背景には、「子どもは預かりもの」という、初期キリスト教の精神に立ち返った親子関係の捉え直しがある。神の前には父も罪人なら、子もまた罪人であり、言ってみれば同等の存在だ。子どもの教育にも謙虚さが求められるようになった。この点は、人々の意識改革という意味で画期的なことである。

ルネッサンス期の知識人にとって、教育こそが、父親の最も崇高なる使命であった。家庭は理想的な教育の場であり、父親は最高の教師。文筆家のニコラ・パスキエは「息子を教育することは、二度子どもをつくるのと同じこと」という言葉を残したが、それほどに子どもの教育が重視された。それは、ローマ時代の体罰による飼育に近い教育からはほど遠い、父子間の信頼関係に基づく人間的な教育であった。父が模範を示し、子は父をまねる。エラスムスは「父としての最初の仕事は、まず愛されることだ」と、父子の信頼関係の大切さを強調した。

その時代、自己抑制、やさしさ、柔らかな物腰、笑顔が、教育上手な父親に必要な要素に数えられたのだから、ちょっと驚きである。モンテーニュに至っては、子を甘やかさず厳しすぎもせず、子の友情を勝ち取ることができるのがよき父親なのだと説いている。

もちろん、母親と父親との役割分担はこれ以上ないほどはっきりしており、トーマス・モアがいみじくも言ったように、母は身体の世話を焼き、父は魂の世話を焼くというのが当時の典型的な母親・父親観だった。この時代に男女の平等を求めるのは無理というものだろう。もちろん、娘と息子では待遇に差がある。しかし、娘の教育を重視した知識人もぼちぼち出始めていたことをつけ加えておきたい。

貴族の家では、子どもを王家に奉公に出すことが盛んに行われた。王のもとで子に徹底した教育を施してもらうためである。質の高い宗教教育を受け、戦の技術を学ぶことが何より重要視された。こうした教育熱心な父親たちの頂点に、王が「国家の父」として君臨していたのである。

だれも「国家の父」である王には太刀打ちできない。王の巨大な権力は、特に宗教戦争の時代には複雑に宗教と政治が絡み合い、当の父親たちの権利を踏みにじることさえあった。

プロテスタントとカトリックが対立した十七世紀、プロテスタントに改宗した父親の子どもをカトリックの手に取り戻すため、あらゆる方策が講じられた。一六八一年、七歳を過ぎた子どもは、親がプロテスタントであってもプロテスタントになることを拒否することができるとされた。また、宗教的対立が原因で子どもが父親の家を飛び出してしまっても、父親には子どもを養う義務があるとされた。

一六八六年の勅令は、プロテスタントの家庭の五～十六歳の子どもを父親から取り上げ、カトリックの家庭に預けるよう命じている。これだけ見ても、フランス王とカトリック教会の権威の前に、子に対する父親の権利が大きく侵害されていた様子がわかる。

とはいえ、十八世紀に訪れる革命期まで、父親の権力は相当強大なものであったことに変わりはない。父親に従わない子どもは、父親によって病院に監禁されたり、島流しにされたりすることも決して珍しくなかったのだから。

近代王制下の父親たちは、世俗権力と教会権力に板挟みになった形で、大きな矛盾を抱えている点をここで指摘しておきたい。社会的には、子に対してどんな制裁も可能な絶対的権力を持つ存在でありながら、教会は別の方向からのアプローチを試みるからだ。つまり、信仰においては、父親たちは限りなく神の父性へ近づくことが求められた。父親であることは、神性に近づくための聖なる任務なのである。父親は、見返りを求めず、時には自分を犠牲にしても、子どもを忍耐強く守り育てなくてはならない。制裁を加えるよりも自らがひとつの「模範」を示すことが、キリスト教的な意味での理想の父親像であったからだ。父親たちには、絶対的権力と同時にキリスト教における愛を体現するという、ある意味で「神業」が求められていたことになる。

革命前夜

そして時は満ち、フランス革命が勃発する。フランス革命は、フランスの歴史にいまなお超えようとしても超えられない深い断層をつくった前代未聞の事件である。革命によって、王制と結びついていた父親の権威が一旦は粉々に粉砕されることになるのだが、その前にまず、革命前夜はどのような父親観が支配的だったのだろう。

一七五〇年前後、革命に先立ち啓蒙思想家が活躍した時期は、教育における父親の重要性にますます光が当てられ、父親がぐんとイメージアップした時期であった。文学や哲学書を通して、ヴォルテール、ルソー、ディドロらは、それぞれの理想の父親像を高らかに謳い上げた。

みな個人的な体験や自分の親との桎梏がその思想の背景に見え隠れする。ヴォルテールは文学への野心を認めてくれない教条的で頑固な父親に反発して、寛容でやさしい父親像を模索した。ルソーは生まれて間もなく母を亡くし、十歳の時に父親からも見捨てられてしまう。そんなルソー自身、五人子どもをもうけておいてみな孤児にしてしまうという、なかなか常識では割り切れない波乱の人生を送った人だ。それでいて、当時の文壇を揺るがす教育書『エミール』や『社会契約論』を書き、父親の育児参加がいかに大切か、家庭教育がいかに重要かを説いた。

注目すべきはディドロである。彼は『百科全書』という画期的な事業を完成させ、科学と哲学の普及を図った人だ。『百科全書』は、ひとつの項目を多角的かつ客観的に捉える視点を提示した。百科事典にはすべての項目が平等に並んでいる。そうした視野の広がりによって革命を人々の内部で準備したと言われる。たとえば、「父親」という項目を立て、様々な角度から観察・分析することで、それまで漠然としていた「父親」の定義が明確な輪郭を持って立ち現れる。定義すれば、そこから自ずと批判的な視点も生まれてくる。

こうして、強大な権力を握っていればこそ、父親は大いに批判・分析の対象となった。批判が巻き起こる土壌が整ったのだ。暴君としての父の時代が終わりを告げるのはもはや時間の問題であった。

時代は新しい父親像を模索していた。特権階級や屈強な戦士たちは、財力をつけたブルジョア階級に取って代わられようとしていた。出自よりも個人の功績が評価される世界の到来を人々は心から希求していた。社会が縦方向より横のつながりを強めて革命を準備している時期、人々が求めていたのは、威嚇的な父親像ではなく、善良で繊細で愛情深い「一家のよき父親」だった。その意味では、ルイ十六世は歴代の王に比べて非常に家庭的であり、まさに時代の風にぴったりの王だったと言える。

しかし、歴史の展開は皮肉である。人民は、そんなよき父の首を刎ね、自ら殺害しなければならなかったのだから。民衆（子ども）を「養う」義務を負う王（父親）が、麦の値段をコントロールできず、最後には民衆を捨てて国外へ逃亡を企ててしまう。それは、道義的に許されない行為だった。王と民という親子関係は、ここに決定的な破綻を見た。

革命――幸福と子ども

革命によって、国王に象徴されていた崇高なる父権はみごとに地に堕とされた。「王の首を落とすことで、共和国はすべての家庭の父親の首を落としたのだ」、と文豪バルザックは「二人の若妻の手記」に書いている。王と民という垂直の関係が覆され、代わって国民が選んだ議員たちという横並びの関係が「権威」を代表することになった。すべての人民は平等であり、きょうだいであり、横並びであることを理想とする世界が現実のものとなった。血筋や婚姻や親子関係が、旧体制下でのように人間に格付けをする方便になってはいけない。当然ながら、あらゆる「長」という概念は憎悪の対象となった。

革命直後の恐ろしいほどに急進的な思想は、ダントンに代表される革命家たちの教育改革に対する主張に如実に表れている。その主張とは、国家は一家の長に優越するものであり、一家庭における父親の教育はむしろ悪影響を与えるだけだから危険であり、父親から子どもを取り上げ、共和国の学校が子どもの教育を一手に引き受けるべきだ、というものである。子どもは国のものなのか、父親のものなのか、という議論が当時の社会を大いに揺さぶった。学校は対等な共和国人を育成するために最も重要な砦とみなされた。

注目すべきは、個人の幸せという概念が登場したことだ。幸福な社会を築くには、まず個人が幸せでなくてはならない。家族も親子関係も、個人の幸せに奉仕するものでなくてはならない。自由のないところに幸福はない。自由のないところに愛はない。だから、結婚は愛に基づくものでなければならない——幸福論に基づく恋愛結婚の誕生である。

同時に、新しくスポットライトが当たるのが、子どもである。子どもと個人の幸福という概念がここに初めて結びつく。子どもがいればこそ、個人も社会も幸福になる。子どもはもはや結婚制度の付随物ではなく、その中心に躍り出ることになった。

結婚が最小の社会構成単位である事実は、旧体制時代と変わってはいない。根本的にちがうのは、結婚が、愛に基づく個人間の契約として生まれ変わった点だ。愛があるなら、婚姻内で生まれた子どもを夫である父親が慈しみ育てるのは当然のことだった。また、自由意思に基づく結婚なら当然、離婚も可能である。

さらには、すべての子どもが平等である以上、婚外子であっても、父親がその子どもの父となる意思表示さえすれば、社会的差別を受けることはないはずだ。この場合は認知という行為が必要となり、母親側がその男性を父親だと認めることも必要である。ある意味では、ローマ時代に再び近づいたと言える。

もうひとつ特筆すべきは、養子制度の登場である。養子制度は、子どものない親と親のない子どもの両方を救うことができる。しかも、革命が生んだ養子制度では、子どもに保護者を与えるのが先決と考えられた。子どもの幸福が第一という、それまでは考えられもしなかった新しい価値観が台頭したためである。

すべての人間は平等である以上、独身者であっても養子を取ることができた。結婚の意志なく種を撒いてつくってしまった子どもも、母親の同意があれば、養子として引き取ることができた。いわゆる姦通子も、夫婦の同意があれば養子に迎え入れることができた。

もちろん、妻が反対すれば実現しない。このように、養子制度を含め、革命後の父子関係には男性側の個人的なおもわくが大きく反映されるようになった。

財産の相続についてはどうだろう。父親がきょうだいの中のだれかひとりを贔屓《ひいき》するということは許されなくなった。その一方、いまで言う事実婚関係にある男女に生まれた子どもにも、婚姻関係にある男女から生まれた子ども同様、相続権が認められた。背景要因として、十八～十九世紀にかけて、都市部の労働者層に事実婚関係で子どもを産むカップルが増えた事実が挙げられる。

ナポレオン法典の揺り返し

以上がフランス革命期の主な動きである。まさに文字通り、革命的な変化であった。しかし、少し先を急ぎ過ぎたのかもしれない。その後、ナポレオンが登場し、再び大きな揺り返しが起きる。現在の民法の基盤をつくったナポレオン法典の制定は一八〇四年。ひとことで言えば伝統への回帰であり、旧体制下への逆戻り。革命によって新しい息吹を送り込まれた結婚や相続、親子関係の定義はほとんど形骸化されてしまう。

「社会秩序の回復」の名のもとに、婚姻関係にある男女の間に生まれた子どもと婚外子ははっきり区別されることになった。結婚は解消不可能な契約に逆戻りし、養子制度は、相続人になる子を持たない者のための財産相続の方便に身を落としてゆく。婚姻は宗教から切り離されたままではあったが、ナポレオン法典の家族観の多くは旧体制下への逆行であり、家長だけが権力を握り、家庭に君臨するというものである。家長の妻は夫を亡くした場合だけ、父権を譲り受けることができた。

強大な父権と婚姻制度は再び一枚岩となって社会に立ちはだかる。もちろん、婚姻外で生まれた子どもと父親の関係はないことにされた。認知された場合、父に養ってもらうことはできても、子どもに相続権はない。すべての子どもは平等だとみなした革命直後の家族観は、ここにおいてすっかり霧散霧消してしまう。

父親の不在、そして疎外

革命後のフランスでは一世紀に渡り、共和制と帝政と王制復古など、多様な形の政体が入れ代わり立ち代わり現われ、なかなか安定を見なかった。父親観および家族観も同様である。

十九世紀後半になると、父親の権威に内部から亀裂が走り始め、それが徐々に表面化してくる。都市部では個人の生活の場と仕事の場がはっきり分かれ、父親は家庭の外、母親は内と、極端な役割分担が進んだ。日常生活の細部を仕切る母親は、家庭における実質上の権力者として、場合によっては父親を凌ぐ存在になりつつあった。

生活に余裕があれば、母親は家庭にいて子どもの教育をしっかり見守るのが理想であった。社会階層の下に位置する家庭も、実現可能かどうかはともかく、裕福なブルジョワ家庭を理想のモデルにした。

仕事で父親が不在という状況に加えて、一八七〇年から一九四五年の間に、少なくとも三つの大きな戦争があった（普仏戦争、第一次、第二次世界大戦）。戦争中、父親たちはどんどん遠い戦場へ送り込まれていった。「父親」と「不在」という言葉は離れがたく結びつき、十九〜二〇世紀にかけての父親のイメージを形成した。

一方、十九世紀から二〇世紀前半にかけて、体罰権を含む父権の行使にブレーキをかけ、子どもを父親の横暴から守ろうとする動きがしだいに形を取り始める。一八八九年、父権の行使に行き過ぎがある場合、父親から父権を剥奪し、児童養護施設が子どもを引き取ることができるようになった。一八九八年には、子どもを虐待する親を処罰することが可能な法律が整備された。ちなみに父親の子どもに対する体罰権が廃止されるのは、一九三五年のことである。

さて、戦後の一九五五年は、世の父親にとって画期的な発見があった年だ。血清学の進歩により、血液型による親子鑑定が可能になったのだ。これは、ある意味では父親の権威失墜を決定的なものとした事件だと言える。「子どもの父親はだれか」という永遠の秘密のヴェールがここに破られたのである。

父親はだれか――いつの時代も真実はしょせん闇の中だった。別の言い方をすれば、ローマ時代の父親が「養父」を意味したのと同じように、その子が本当に自分の精子から生まれた子どもかどうかは、社会的に見てたいした意味は持たなかった。父親とは、長いことそういう存在だった。これまで何度も、一八〇四年のナポレオン法典以来、法律上、妻の夫が子の父であるということが大前提だと繰り返してきたが、その大前提も科学的証拠を突きつけられては思わぬ脆さを露呈してしまう。

人類の歴史の中で、長いこと、父親はもっと別の次元のものであった。科学的検査結果を唯一の真実のように掲げられてしまっては、父親の存在を支えていた文化的・社会的背景は失われ、父親は単なる精子のひとつに成り下がってしまう。矛盾するようだが、科学的真実と社会的真実が一致しないところに、父親の存在意義もあったのである。

血液鑑定が可能になって半世紀、もっと確立性の高いＤＮＡ鑑定も登場した。先に見た通り、歴史の中で、父親の定義がこれほど揺らいでいる時代もないだろう。

さて、父親の不在に話を戻そう。父親の不在は社会構造の変化と密接に結びついている。地方から都市部への人口移動が頂点を迎えるのは一九六〇年代だ。かつては農民でも、職人でも、社会階級や収入に関係なく、ある家業の「長」であることができた。それが、人口が都市部へ大量に流出したことにより、多くの父親たちはサラリーマン化し、急速に「長」の立場を失っていった。家庭内でも、昼間不在の父親たちは子どもの教育から疎外されるようになる。こうして、父親の権威および存在感は、そうとははっきり目に見えないところでしだいに弱まってゆくのだった。

一九七〇年、ついに父権という言葉が消えた。父権は親権という言葉に取って代わられた。これを境に、子どもは支配されるものではなく守られるべきものとして、新たな位置づけがなされた。こうした社会全体の意識の変化は喜ばしい。しかし、父親たちにとっては、ある意味で受難の時代の幕開けだった。このあたりから父親というものの輪郭がすっかりぼやけてしまったからだ。父親たちは最初沈黙し、そしてある時から——おそらく離婚の急増によって父親の劣勢が明らかになった時点から——やむにやまれず立ち上がり、反撃を加え始める。

それに続く父親の再定義と今日に至る復権のゆくえは、第2章で見た通りである。

6章 男ってなんだ？

パスカル（三四歳、化粧品会社勤務）の両親は、ダンス・パーティーが縁で知り合い、結婚した。父も母もめっぽう踊るのが好きだった。一般にフランスの人は踊るのが大好きだ。結婚式の後は、必ずダンス・パーティーと相成るし、パリ祭（革命記念日）のような特別な機会はもちろん、普段でも気軽にダンスを楽しむ。

母方の祖父からしてダンス愛好家で、母親はフラメンコを本格的に学んだ人だった。パスカルと妹は、小さい頃からバレエ教室に通わされた。男の子がバレエを習うことに対して、友だちの目を気にした時期もあった。映画「ビリー・エリオット」（邦題「リトル・ダンサー」）の主人公がバレエに魅かれながら、友人たちの軽蔑や揶揄を恐れる気持ちが、パスカルにはよくわかる。だが、映画の中のビリーと同じく、パスカルも親に強制されたわけではなかった。根っから踊ることが好きだった。

一時は本格的にバレエ・ダンサーを志したほどだ。しかし、二二歳の時、バレエで生活する道を断念し、いまは大手化粧品会社の研究員として働く。妹もオリエンタル・ダンスをはじめ様々な踊りを学んだ。競技ダンスでは、一時、アマチュア・チャンピオンの座を極めたこともある。両親はいまでもダンス・パーティーがあるといそいそと出かけてゆくし、パスカル自身、ついこの間まで社交ダンス教室に熱心に通っていた。それが一日の仕事の後の格好のストレス解消法だった。だが、娘の誕生を機に、レッスンからしだいに足が遠のいている。

マリ（三〇歳）が赤ん坊の世話で疲れているというのに、会社帰りにひとりダンス教室へ行って楽しむというのは、どうも気がひける。朝八時半から夜七時半の勤務の後は、パリ郊外の家に飛んで帰って一刻も早く娘の顔が見たいという気持ちもある。娘が幼いうちは、ダンスはひとまずお預けとなりそうだ。

妊娠を告げられたのは、マリと暮らし始めて三年目のある日のことだった。

「その時の思いを、なんて表現したらいいのか……」

会社帰り、すらりとした長身をスーツに包んだパスカルは、なるほど、どことなくダンサーのエレガントな雰囲気を漂わせている。パリの東、ナシオン広場に面したカフェのテーブルの向こうで、彼は頬を少し紅潮させて言い淀んだ。

「マリから妊娠したと聞いた瞬間、なんていうか……、男の本能のエネルギーみたいなものが、わーっと腹の底から湧き上がってきたんだ。自分を男だって、あれほど強く感じた瞬間はなかった。自分の反応に、自分で驚いたくらいだよ」

パスカルの真摯な証言には心を打つものがあった。おそらくパスカルは、妻の妊娠を知らされて、ほとんど性的な興奮を覚えたのだろう。それは雄叫びにも似た、男という性を持つ者が究極の目的を達成した瞬間の、ほとんど肉体的な反応だったようだ。これに似た証言は、パスカル以外の男性からも幾度か耳にした。

子どもを持ちたいと望んでいた場合、パートナーの妊娠は、男性にとってひとつの到達点である。男は男の性器を持つから男なのであって、男性性器が勃起する、またはそのような性的興奮がある、そういう心とからだの反応があるからこそ、男は迷いなく自分を男だと認識することができる。

屹立する男根というのは、太古の昔から、男性性の象徴だ。男性性は、どうしようもなく「力、パワー」と結びついている。車、バイク、船、戦闘機など、スピードと性能を競うものは、一般に女性より男性の関心を買う。スピードや性能や強度といったものは、男性性器の誇るべき特質だからだ。ミクロンの世界でさえ、精子のスピードとパワーと機敏さが他に抜きん出ていなかったら、卵子には到達できないだろう。競うこと、闘うことは、男の性《さが》である。もちろん個人差はあるが、社会的性差（ジェンダー）を強調するあまり性の特徴に目をつぶるのは、かえって物事を見えなくしてしまう場合がある。

フェミニズム運動は、社会的男女の格差を縮めようと闘ってきた。格差はたしかに縮まった。三〇年前といまでは比べものにならない進歩がある。家庭でも会社でも、男女は互いを尊重して生活し、肩を並べて仕事をする術を学んだ。しかし、誤解を恐れずに言えば、フェミニズム運動から派生した様々な動きが、男たちから男性性を削ぐ方向へ発展した側面があることも否めない。

もちろん、かつて多数存在した権力を振りかざすだけの横暴な父親や、家庭を顧みない夫、女性蔑視のマッチョなど、絶対ごめんである。男が男らしかった過去へ戻るべきだなどと主張する人はだれもいない。男自身が、そんな役割はごめんこうむりたいだろう。ただ、男が男であるその根本、要は、屹立する男根のイメージをポジティヴに持てなくなるとしたら、それは大問題ではないだろうか。強くもなく、能力もなく、スピードもない、そうした男性は男ではないのか、という切り返し方をして、問題をはぐらかしてはいけないと思う。

人間が動物とちがって本能だけではなく、イメージの喚起力によって生かされる存在である以上、私たちの深層心理の中で、男性性の表象（ここでは屹立する男根のイメージ）の果たす役割は思ったより重要である。男性をステレオタイプに押し込めることが危険なのは言うまでもないが、男性からその表象を奪うことも同様に危険だろう。

現代の男性の多くは、一体何が男なのか、どういう格好をして、どういう態度を取るのが男というものなのか、わからなくなっている。わからなくなって万々歳、という受け止め方も可能だ。ここから新しい男性像が生まれる、と期待することもできる。だが、モデルなき社会で自分を定義することは、たいへんな苦痛を伴う作業でもある。

　ここでは、最近十年くらいの間にフランス社会に流布された男性のイメージを追ってみたい。

広告の中の男と女

「フランス男性の美点？　うーん、ひと昔前なら、galantrie（ギャラントリ）だったよね。つまり、女性に対して気遣いとか、思いやりを示すこと。ドアを開けたら自分は一歩引いて先に女性を通す、席を女性に譲る、重い荷物は持ってあげる、そんな当たり前のことを何気ない顔でやるっていうこと。若者の間では、失われつつある価値観かもしれない。ぼく自身、相手が高齢者でない限り、メトロの中で女性に席を譲るのは照れくさくてできないよね」

　四〇代男性の言である。「ギャラントリ」というフランス語を形容詞にすれば、紳士的で女性の扱いがうまい色男というニュアンスを込めることができる。下心があってもなくても、自然体で女性に気遣いを示せる人への褒め言葉となる。この形容詞に値する男性がどんどん減っている。「男たるもの……」という万人に共通のモデルがなくなった結果かもしれない。万人に共通のモデルがなくなったのは、一九八〇〜九〇年代に、同性愛者の社会認知が進んだことと関係があるように思われる。

男と女の境界が揺らぐ性のイメージは、広告やファッションに顕著である。フランスに限って言えば、一九九〇年代が広告における大きな転換期だったろう。まずはイタリアからやってきたベネトンの広告戦略。母親の胎内から出てきた直後の新生児や、死に直面したエイズ患者、亡命者、戦争の被害者、血痕など、見る者をギョッとさせ、ショックを与えずにはおかない写真を広告に使い、世界的な論争を呼んだ。ショッキングな話題づくりで人々の耳目を引くことが広告の使命であるかのような、攻撃的な戦略であった。

一九九〇年代から二〇〇〇年代はじめにかけて、そのショックは、広告が喚起する性的興奮に集中するようになった。いわゆる「ポルノ・シック」と呼ばれる広告の登場である。

もちろん、見目麗しい女性を広告に使い、人の目を引こうとするのは広告の常套手段である。モデルの性的魅力は手っ取り早く最も効果的な武器である。ただし、多くの場合、想定されているのは男の視線であり、女性は男性の視線の前に、美しい微笑を浮かべ、パーフェクトな肢体を披露し、官能的なポーズを取り、魅力的かつ従順な存在として現れるのが一般的だった。フランスの広告はだいたいサイズが大きいので、視覚的効果はかなりのものである。だが、いまの時代、女性の裸が大写しとなったポスターが街やメトロの壁を覆っていても、だれが驚くだろう。

素裸でなくとも、モデルの女性が取るポーズの多くは、性行為を暗示している。エロティシズムのレベルならともかく、女性が単なる性欲の道具のように扱われると、女性としては黙ってはいられない。二〇〇三年、フェミニズム団体や、女性政治家たちが広告監視局に訴え出て、史上初、広告撤去という事態を招いた広告もある。いくら表現の自由があるといっても、見る者が居心地悪く、一種の性的ハラスメントを受けていると感じるのは問題だろう。それくらい、フランスの広告やコマーシャルは、性的欲望を喚起することで消費者を釣ろうという傾向が強い。比べて、日本の広告はどちらかというとセックスよりユーモアが中心にあるようだ。

二〇〇〇年頃から、フランス・モード界を代表する大手ブランドが次々と「ポルノ・シック」戦略を取り入れた。それも尋常な状況設定ではない。自慰行為やレズビエンヌどうしの性行為、果ては強姦、獣姦まで喚起させる写真が、堂々と雑誌の広告ページを覆った。より強烈な性的刺激を追求した果てに、上等で粋を意味する「シック」を隠れ蓑に、モード界の広告が辿り着いたのが「ポルノ・シック」であった。

「ポルノ・シック」に至る前に、ふたつの広告の流れがあった。ひとつは若い世代向けファッションで知られる「クーカイ」の戦略。これは、小人のように小さくなってしまった若い男の子が、若い女の子に徹底的にいじめられたり、なぶられたりする設定の広告シリーズである。男なんて虫けら同然、男を足蹴にするのが現代っ子のかっこよさよ、とでも言わんばかり。企業としての「クーカイ」はそうしたメッセージを込めたつもりはないと否定していたが、見る側にはそう受け取れるのだから仕方ない。時代は完璧に女の手中に握られている、と広告は言外に訴えていた。もし女性と男性の立場が反対だったら、堂々たるセクハラではないだろうか。

下着メーカー「ディム」も、二〇〇四年、女神のように輝く女性をふたりの美しい男性が身を屈して両脇から支える構図で、やはり男性を支配する女性のイメージを強調した。

下着の宣伝なので、当然ながら女性も男性も半裸である。このあたりから、裸にされるのは女性だけではなくなったようだ。男性の裸体も、はっきりと欲望の対象として表現されるようになったのである。

高級車「アルファロメオ」の宣伝に、考える人のポーズを取った全裸の男性が使われたが、このあたりから、男性と官能性を全面に打ち出した広告が次々と登場するようになった。それはかつて、ビールの広告で三船敏郎が演じたような「男は黙って……」タイプの男の色気とは一線を画している。女だけでなく男の肉体も、見られ、愛でられ、欲望を喚起される対象となったのである。アルファロメオのモデルは、若く、肌はつるつるし、流し目がどこか女っぽい中性的な男性である。体毛を覗かせ、男の体臭が匂ってくるような男性像は昔物語になったかと感慨深く眺めた人も多いことだろう。やはり下着の広告で、ストリングスをつけた男性の美形の臀部のアップが話題を呼んだりもした。

ほかにも、いかにもゲイ好みの筋肉隆々だが美少年タイプのモデルが、両脚を開いて性器を露出した広告は、さすがに街に張り出されることはなかったが、一部の雑誌に掲載され、スキャンダルを振りまいた。このタイプの広告の対象は、同性愛者だけとは限らない。

一部の超ファッショナブルな同性愛者と、彼らの感性に共感する人たちすべてがマーケティング対象となっている。

傾向をまとめると、女性が男性を支配し、貶める傾向がひとつ。男性自身が欲望の対象として商品化される傾向がひとつ。この十年の広告を見渡せば、このふたつの傾向がはっきりと見て取れる。

過激度を指標にした場合は、ショッキングなテーマと写真で話題性をさらったベネトン方式がひとつ。もうひとつは、過激な性描写を写真の芸術性とブランドの高級感で味つけしたポルノ・シック方式。三つ目が、ファッショナブルなゲイたちの価値観に寄り添って、男性の肉体を餌に欲望を喚起させるいわばゲイ・ファッション方式。

広告の世界では、皮肉な言い方をすれば、やっと男性も女性に追いついたのだ。男性も見られ、評価され、欲望される対象となった。この欲望と消費のメカニズムは今後も留まることはないだろう。

広告を見る視線が女性を想定している場合、女性は支配者として位置づけられている。かつては、煙草「マルボロ」のカウボーイに代表される男っぽいモデルが全盛の時代があったが、そんな時代はすっかり遠ざかり、男は女のアクセサリー、または従僕として描かれている。かつての支配関係の恨みをはらすかのように、女性たちは、男性を支配される立場に貶めたのだ。

男の視線が想定されている場合は、広告の中の男たちは同性愛者の性的欲望に堪える美しさを備えた存在でなければならない。パクス（市民連帯契約）に代表される同性愛者の権利拡張とともに、ゲイの感性もまた市民権を得たからだ。特にファッション界では、ゲイの感性こそが最も「進んでいる」とみなされる傾向が強い。もちろん、なお根強く社会に残る同性愛者差別はなくさなければいけない。はっきりお断りしておくが、そのことに異論はない。ただ社会現象として、同性愛者へのタブーが消え、ファッション界を中心に一部の同性愛者の感性や価値観が鼓舞されたため、同性愛者の欲望の視線が堂々と一般広告に反映されるようになった、という点を確認しておきたいのである。

女が男に求めるもの

ある意味では女のせいなのかもしれない。

しっかり家庭を切り盛りし、男性と互角に仕事をし、自分が決めた時に子どもをつくれるようになった女たち。ほしいものはみなひとりで手に入れられるから、男なんて面倒なものはいらないと豪語する女性がいたとしても不思議ではない。

二〇〇三年三月の「ル・モンド」紙に掲載された「フランス男性の憂鬱」と題された記事は、象徴的だった。フランス女性に辟易した男性たちが、インターネットのお見合いで、外国人女性、特にロシア系女性を妻に迎えるケースが増えているという内容だった。三五〜四五歳くらいの男性に多いそうだ。

彼らいわく、フランス女性は要求ばかり多くて、サービスしてもらうことにすっかり慣れっこになり、素直に喜んだり感動したりすることがない。

「フランスの女たちは複雑すぎる（中略）ロシア人女性は男を尊重してくれる」とは、

四四歳の男性の弁だ。離婚で傷ついたり、恋人とうまくいかなかったり、男と女の闘いに疲れ果て、傷つき、素朴さを残すスラブ女性の温かい胸に逃げ込む男性たちは少なくない。日本でも似たような傾向があるようだが、現代の男女関係の歪みをみごとに象徴している。たしかに、フランスの女性たちは強い。主張はするし、譲らないし、男性がたじたじとなるのもよくわかる。強くなった女性に適応できない男性がいたとしても少しも不思議ではない。しかし、だからといって良妻賢母型女性の懐に逃げ込んでいるだけでは、男女の溝はますます広がるばかりだろう。これからの男性はどうやって生き延びていけばいいのだろう。

同じく二〇〇三年三月、「エル」誌があらゆる世代の男性を対象に大規模なアンケート調査を行ったところ、ほぼすべての男性が、これからの世界は女性に支配されるだろうと結論した。誇張を承知で言えば、二一世紀の男たちは、交尾の後で雌に食べられてしまうカマリキの雄みたいな気分でいるのかもしれない。

「エル」誌上で各世代の男性を分析した社会学者のロベール・エギュイ氏の分析結果と照らし合わせると、現在四〇～五〇歳の男性層が、先の「ル・モンド」紙上の「やさしい外国人女性に流れる男性」に合致する世代ということになる。フェミニズム世代として、やさしく物わかりのよい男を演じてきたものの、実際は、強い父親の社会モデルから脱却できていない。だから、理想と現実に引き裂かれて、多くが離婚や別離を経験しなければならなかった。強い女性たちを前にして傷つき、その後遺症を引きずったまま、若い女性や外国人女性に救いを求めている。

三〇〜四〇歳の世代は、男女平等の原則が一応は確立した後の世代だから、わりとしっかり家事分担を実践している世代だと言える。

「おむつだって替えるし、夜中に起きてミルクもあげる」と誇らしげに宣言する、いわゆる「めんどりパパ」と呼ばれる世代だ。子どもの世話に積極的で、よく遊んであげる模範的な父親たち。彼らは家事や育児分担を積極的に引き受ける理想の夫を目指した。しかし、これもどこかに無理がある。男と女、父親と母親が同じように振る舞ったら、ふたりでいる意味はどこにあるのだろう。男たる自分の存在意義はどこにあるのだろうと疑問を感じ出し、カップルとして破綻に至るケースも決して少なくない。

そして、いま二〇代の若者世代を、エギュイ氏は「女性化した男たち」と呼ぶ。ゲイとは限らないが、女性的感性を尊び、女性に対立せず、むしろ女性に寄り添うようなやさしい若者たちである。彼らは服装に気を使うし、肌の手入れも怠らない。数年前から、化粧品会社や服飾業界が新たなターゲットとしてこれら「美しい男たち」に狙いを定めている。日本の状況もかなりこれに近いだろう。彼らが家庭をつくり、子どもを育てようとした時に、どのような男女関係、親子関係を打ち立てていくのかは、いまのところ未知数である。

ある意味では、女性たちも袋小路に入り込んでいるのだ。

「ゲイの友だちといる時が一番ほっとするわ」

とモルガン（二七歳、病院勤務）は言う。

ゲイの男性は、女性の感性に寄り添って話を聞いてくれるからだそうだ。恋愛の対象外だから、気取る必要も飾る必要もない。女にとって、ゲイの友人ほど楽なものはないのだ。でも、これもひとつの逃げではないだろうか。男と女はちがう。そうしたちがいを認め合わずに、ちがいをただ障害と捉え、自分の価値観や世界観に寄り添ってくれる相手しか受け入れないのでは、出口なしの迷路にはまり込むだけ。ちがいを楽しんで手なずけなければ、男女の闘いはどこまでも続くことになるだろう。

メトロセクシャル

かつて女たちが男の視線によってつくられたのと同じで、いまは男たちが女の視線によってつくられている。最初から男であることが不利だと悟っている現代の若者たちは、先手を打って女性化することで身を守ろうとする。そこに、メトロセクシャルと呼ばれる男たちが登場し、華々しくマスコミに取り上げられ、もてはやされた。

メトロセクシャルは、一九九〇年代から急速に広まった男性たちの化粧やファッションへの傾倒を皮肉って、イギリス人作家マーク・シンプソンが考案した造語だと言われる。メトロセクシャルの典型として、たとえばイギリス人サッカー選手、ベッカムが挙げられる。都会派という意味で「メトロポリタン」の「メトロ」を冠し、同性愛者を意味する「ホモセクシャル」の「セクシャル」（性的の意）と合体させた。この言葉は、フランスでも二〇〇三年あたりから一気に広まり、現代流行語のひとつになった。

彼らは女性も顔負け、装うことに金とエネルギーを費やすことを厭わない。それも胸を張って。ピアスや指輪はもちろんのこと、フォーマルな服もちょっと崩してファッショナブルに着こなす技を心得ている。同性愛者ではないものの、ゲイ・ファッションのセンスを上手に取り入れ、決して堅物なイメージに堕しない。それがメトロセクシャルだ。

だが、メトロセクシャルがとうとう女性の理想を実現したのかというと、案外そうでもない。

「繊細な気遣いがある男性がいいわ。いっしょに生活するとなったら、もちろん家事もしてほしい。料理だって好き、というくらいの男性だったら最高だわ。でも、なよなよしただけの男性は絶対ごめんだわ」

と、シャルロット（二五歳、翻訳業）は断言する。

「やっぱりどこかで頼りになる男性でないと、いっしょに暮らそうという気にはならないわ。メトロセクシャルっぽい男は、私はいやなの。男臭いところがないと、自分も女だって気がしないもの。特にセックスではね。受け身の男性なんて、私は興味ないわ」

男性にとって、なんともたいへんな時代になったものだ。ファッショナブルでなければならないし、女性には細やかな感性を持って接しなくてはならない。家父長みたいに威張るのはもちろん御法度、マッチョはすっかり時代遅れ、かといって両性具有は流行らない。しかし、ベッドではしっかり強い男性を演じなくてはならない。そう、ここが難しい点だろう。生活面では感性豊かに、パートナーに対する気配りをしっかりしてほしい。しかし、ベッドでは猛々しく男性らしく振る舞ってほしい。そんな女性にばかり都合がいい完璧な男性が果たしているのか、と思うのは私だけではないだろう。

メトロセクシャル登場の背景には、同性愛者の社会的認知がある程度浸透した社会状況がある。第3章で述べたように、フランスはパクス（市民連帯契約）という形で同性愛者の権利拡大を目指す道を選んだ。しかし、同性愛者が親になる権利はいまだ認められていない。同性のふたりが人工生殖技術を用いて子どもを持つことは禁じられている。

同性愛者が親になる権利を主張する時、多くの人々が居心地悪く感じるのは、そのプロセスになんらかの欺瞞を感じてしまうからだろう。ほかから種だけもらって母親になり、同性のパートナーと子育てをしたいという同性女性の場合、ふたつの道がある。物わかりのいい男性に協力してもらってその人の精子をもらうか、または無名提供者の精子を使って人工生殖をするか。ここで性行為は単なる道具と化し、生殖は科学の実験行為に限りなく似てくる。

人工生殖という性の介在しない生殖に、私たちの意識はすっかり慣らされてしまっている。だから、同性愛者が親となる権利を主張しても、もう誰も驚かないし、むしろ反対を唱えると、同性愛者差別のレッテルを張られかねない。

ローマ時代の昔から、もともと父親というのは、父親になるかどうか意思の問題であり、選択の問題であると、これまで何度も繰り返してきた。だから血のつながりよりも、養子制度の方が本来の父親の在り方に近い。したがって、同性であろうと異性であろうと、「私が親だ」と宣言さえすればいいではないか、という声があってもおかしくはない。

ただ、いのちの誕生には、ふたつの性が必要だという最も本質的なところをごまかさなければならないとしたら、それはかなり由々しき事態ではないだろうか。個人レベルの問題ではなく、ことは社会の基盤にかかわる問題である。フランス社会が、同性愛者の結婚および養子縁組みをいまだ許可しないのは、保守性ゆえというより、本質をごまかすことが社会全体にとっていい結果をもたらすかどうか、いまの時点でどうしても判断できないからだろう。

同性愛者の権利拡張に伴って、男性たちが恥じることなく自分の内にある女性的な感性を開花させ、表現できるようになったことは素晴らしいことだ。どんな女性にも男性的な面はあり、どんな男性にも女性的な面はあるのだから。作家フィリップ・ソレルスが言うように、男と女が向き合う時、ふたつの性があるのではなく、四つの性があると考えた方がいい。それに、その方が断然楽しい。ただし、これは、男と女のちがいをないことにしてしまうこととは、根本的にちがう。

性の個人的嗜好は自由であっていい。しかし、性はいのちとかかわる。異なるふたつのものがいっしょになった時にだけ、新たないのちが生まれる。その点が見えなくなると、生きにくさにつながる。メトロセクシャルの流行は、先のシャルロットの言葉に要約されるように、矛盾した要求を突きつけられている男性たちの生きにくさと同一線上でつながるものだろう。メトロセクシャルたちは、化けることで身を守ろうとしているのだろうか。それとも、女性たちと競い合っているのだろうか。

異なるものへの畏怖

父親がテーマの本書で、男のイメージにこだわってきたが、それは父親が、父親である前にまず男という性を持つ者だからである。男たちは、まずは夫だったり恋人だったりするわけで、それから父親になる。父親とは何かを考えるには、いま男たちが、どんな夫でどんな恋人であるのかにも目配りする必要がありそうだ。

精神分析医で大手企業のコーチング分野で活躍しているエレーヌ・ヴェッキアリの分析は率直明解である。彼女のエッセー『男たち、かくあれかし』（カルマン・レヴィー社）は、メトロセクシャル現象のまっ最中に話題を呼んだ。見方によっては反動的ともとれるが、現状を鋭く的確に捉えている。彼女の分析を簡単にまとめてみよう。

男性が自分の内なる女性性を表現できるようになったのはいいが、男性が女性化し、フランス社会は極端に母性的になり、規則や規範がなし崩しになり、かえってカップルの間に問題が生じている。

「企業人の中には、性のリビドーを仕事にすり替えている人が多い。性欲がなくなったというより、相手を求めること自体が怖いのだ。女性の要求があまりにも複雑になったから諦めた、と語る男たち。彼らは自分の性的欲求や愛されたい気持ちまで否定してしまっている。これは前代未聞の事態である。そういう男たちは愛人さえつくらない！　いまどきの女たちは要求が高くてとても手に負えない、会社経営より複雑だ、と嘆きつつ反感を覚えている男たちもいる」（「マダム・フィガロ」二〇〇五年二月、ソフィー・カルカンのインタビューより）

メトロセクシャル現象も、精神分析医としてのヴェッキアリの手にかかると明確な輪郭を見せる。

「女性たちは矛盾するふたつの感情に支配されているのです！　男たちは一体どこへ行ってしまったんだ、と嘆く一方で、（子ども時代に）母親が与えてくれた慈愛に満ちた関係性を求めている。そうした関係性に身を置くと、性的な匂いはないから、女たちはほっとするんですね。女たちは自分に性的な魅力があるかどうか、いつも不安に思っていますから。

同性愛者の友だちといっしょに過ごしたり、女性どうしで夕食会をしたりするのが大好きなのもそのためです。メトロセクシャルたちの登場は、（中略）女でありながら男であるという、女たちのとんでもない欲求を受け入れた結果なのです！　女たちの要求に屈して男たちは女性化し、それで前より幸せになったでしょうか？　私にはそうは思えません」

「女たちは憑かれたように完璧なからだをつくろうと、皺取りをし、ジムでトレーニングして筋肉づくりに励むけれど、結局は自己満足。男たちは中性的だったり男性的だったりする体型はそれほど好みではないのですよ。（中略）性と食べ物の関係もよく知られています。美食の過程は恋愛の手続きともよく似ている。（中略）（太るのを気にして）インゲン豆しか食べない女性と一夜を共にしようとは思わない、と私の患者のひとりが告白したことがあります。女性たちは、摂食によって身体と性を完璧にコントロールしようとしているけれど、そうした女たちは、男たちを震え上がらせるだけです」

出産コントロールからウェイトコントロールまで、すべてをコントロールできると考えた女たち。男たちとの間に、埋められない溝が広がりつつあるのかもしれない。

ヴェッキアリは、臨床経験をもとに、性行為に関してあまりに要求の多い女性は男性の気持ちを萎えさせるだけだとも言う。相手の女性に、自分が子どもだった時の、絶対的支配力を持っていた母親の姿が二重写しになるからだ。母親にとって息子はだれよりも素晴らしい存在であり、息子を崇めもするが、その愛は、ある意味では息子を窒息させる負の力も持っている。男性がひとりのおとなとして心身ともに独立するには、この母親の呪縛から逃れる必要がある。

あまりに積極的な女性や、何の努力もせずに簡単に手に入る女性は、男性にとって無意識のうちに母親を想起させる。ヴェッキアリは、男性が母親の呪縛を逃れるためには、自分でハントし、自分で困難を乗り越え、自分で愛を獲得する過程が必要なのだと主張する。つまり、昔ながらの追う者と追われる者の関係である。多くの女性は、こうした言い方に引っかかるだろうか。しかし、男がこうやって男として開花できるものなら、その駆け引きを楽しむ余裕が女の方にあってもいいのではないか。

ひとつの料理をつくるには、食材を見つけ出し、手に入れ、洗い、刻み、煮込み、味をつけ、しばらく寝かせ、皿に美しく盛り……といったたくさんの過程が必要だ。時間もかかる。エネルギーも要る。男女の駆け引きも同じことだろう。「食べたい」から、出来合いの物を買って即座に食べてばかりいては、何のエロティシズムも生まれない。手間ひまかけてエロスを楽しむ術を、女も男も学び直す必要があるのではないか。そこからしか、メトロセクシャルを超える男性像は生まれないような気がする。

著名な行動心理学者のボリス・シリュルニックは、別の側面から、大恋愛ばかりに価値が置かれることの危険性を指摘している。

いかに人に頼らず自己確立するか、という点が極端な価値を持ついまの世の中では、他人とともに生きることを避ける傾向がある。相手に寛容だったり、相手のために努力したり、自分をセーブすることは軽視される。理想や夢を諦めろと言うのではなく、相手に合わせて調整することができるのが、本当のおとなの行動ではないだろうか。ルーティーンや日常の何気ない繰り返しの積み重ねから、自分のアイデンティティーを獲得していくことの味わいを、私たちはどこかに忘れてしまったのではないか。――『どん底の淵で愛を語る』（オディール・ジャコブ社）で、シリュルニックはこう問いかけている。

これもまた、料理と同じことなのだろう。相手を自分の価値観で裁断したり、ねじ伏せたりするのではなく、時間をかけて互いを知り合い、関係性を調整して相手のよさを引き出してゆくことの妙味に、改めて私たちは気づくべきなのだろう。

『あなたのせい！』（デクレ・ド・ブルウェ社）を書いた心理療法士カトリーヌ・セリュリエは、「もともと性のちがいは不当なもの」と言い切る。寿命は人によってちがう。だれでもどこかに多少の障害はある。生自体が、もともと不平等なものなのだ。

もちろん、性のちがいによって家事などの役割分担を正当化するのはナンセンスだが、性のちがいを否定するのも危険である。性のちがいを否定されては、男たちは萎縮するばかりだろう。女の性、いのちを生み出す女の神秘性、女が新たに握った権力の前に、男たちは恐れおののいている。相手と自分がイコールということになったら、一体、自分の存在理由はどこにあるだろう、と。自分と他人はちがう、男と女はちがう、親子でもあなたと私はちがう。そうした「他性」こそが、生きる原動力として私たちを未来へ押しやる。それがなかったら……。

相手にある種の畏れ、または畏敬の念を抱くことは、男女関係の基本でもある。異なるものを畏怖する気持ちは、人間として自然なことだ。ただ、そこから逃げて、安全で容易い人間関係ばかりに閉じこもっていたら、冒険は始まらない。畏怖すればこそ、あちらとこちらの距離を測りながら惹かれ合う。それこそが、男女関係の基本ではないだろうか。ちがいをないことにすれば、パートナーとしての関係は崩れ、単なる競争相手になってしまう。ちがいがあるから補完し合い、うまくいった時はパズルのようにカッチリはまることもできる。

互いのちがいを認めて、受け入れること。ちがいに対して注意深くあること。そして急がないこと。そこから男女の真の対話は始まる。

母の姓、父の姓

父親の育児参加奨励政策と、カップル解消後の父親の権利の見直しは、二一世紀に新たな父親像を描くためになくてはならない枠組みだった。その一方で、フランスは男女平等の原則に基づき、新たな選択をした。二〇〇五年一月から、生まれた子どもに母親の姓を与えることが可能になったのだ。

「うーん、これが悩みどころでね」

と、もうすぐ父親になるアレクサンドル（第3章に登場）は顎髭に手をやりながら当惑を隠さない。

「父親と母親の姓を二重ハイフンでつなげて子どもの姓にしてもいいんだよね。ぼくたちはそうしようと思っているんだけど、どっちの名前を先にするか、これが問題でね。どっちが先でもいいんだけれど、自分たちで決めなきゃならないってのは、精神的にけっこう負担だね。子どもが親になった時、そのまた子どもには、どうせどちらかひとつの姓しか伝えられないわけだから、一方の姓はいずれ消える。そう考えると、ふたつつなげるのもどこまで意味があるんだろうって思ってしまう」

これまでは、子どもは自動的に父親の姓を継いでいた。それがいまや、母の姓でもいいし父の姓でもいい。ふたつの姓をつないでひとつの姓として子どもに与えることもできる、と選択肢がぐっと広がった。ただし、そのまた子どもには、ふたつある姓のうちのどちらかしか伝えることはできない。姓を代々つなげていったら、際限なく長い姓になって収拾がつかなくなるだろう。

第一子に与えた姓を、第二子、第三子で変えてはいけない。つまり、同じ両親から生まれたきょうだいは、すべて同じ姓ということだ。

法改正の背景理由は、男女平等の原則に従い、母の姓を与えても問題はない、と至極明解なものである。子どもの数が減ると、姓を継ぐ男子の数も少なくなる。父親の姓しか継げないと、母親の家系の姓はどんどん消えてゆく。姓を文化遺産と見る立場から、姓の消滅を救おうとする意見もあった。一九七六年から、女性の文化大臣フランソワーズ・ジルーがすでにそうした見解を表明していた。

フランスでは一九八五年から、子どもが両親の名前をふたつ並べて使うことができるようになっているが、これはあくまで日常の使用名という意味で、子どもに伝えることができる正式な姓としてではない。

「今回の姓にまつわる法改正により、心理的ショックが深いところで進行するだろう」と、家系学の専門家ジャン＝ルイ・ボーカルノ氏は見る（「フィガロ・マガジン」二〇〇四年十二月四日）。

たかが名前、されど名前。人が生まれて最初に受けるのが名前である。「いのちは母親が、姓は父親が与える」という伝統は、これまで当然のように受け継がれてきた。この法改正に反対の人は多い。特に心理学者の多くは、父親の「特権」をさらにひとつ奪うことで、女性たちは何か得をするのだろうか、と疑問を投げかけている。

「母親は幼児に愛情を注ぐことで、その心の成長を促す。父親は言葉および外の世界の存在を知らしめる。ふたつがいっしょになって、子どもの性格形成の基本線が保証される。人間の精神のバランスは、父と母という二重性にかかっているのだ」

『父親と父性の歴史』(ラルース社)の中で、精神科医イヴ・ペリシエはこう書いている。母と父の異質性こそが子どもの成長に必要だという点では、ほとんどの心理学者や精神科医が意見の一致を見ている。この二重性を保証するために、姓は父からという習慣が非常に有効に働いていた点は否めない。

乳飲み子の時期、母親は子どもにとって、まさにすべてである。母はいのちを与え、乳を与え、世話を焼き、愛情を注ぐ。あまり父親の出番はない。どんなにかいがいしく乳児の世話をする父親であっても、母親には負ける。これは仕方がない。父親と母親の立場には、最初からこれほどたいへんな格差があるのだ。しかし、これまで、少なくとも姓だけは父親が子どもに与えることができた。これは紛れもない父親の特権であった。

特権はいけない、平等でなければいけない、という言い方に異論はない。男女平等なのだから、母親の姓を与えられないのはおかしい、というのはどこからどう見ても正論ではある。

精神分析医で革新的な家族観を持つことで知られるジュヌヴィエーヴ・ドゥレジ＝ド＝パルスヴァル（第7章参照）でさえ、「法改正の時点では賛成だったけど……」と、自身の「転向」を白状している（「プシコロジー」二〇〇四年三―四月特別号「今日、男であること」）。

「性は、生殖に関しては平等ではない。父系重視の伝統は古くさいかもしれないが、どうしたって子どもを産むのは女で、男ではない。母親の子宮なしに子どもが生まれない限り、本質的なこの男女の不平等ゆえ、子どもが父の姓を名乗ることが重要である。家族が揺らいでいるいま、姓は、たしかな父性の印として刻印される。家族がますます脆くなっている以上、この点だけは守った方がいい。社会もそれを必要としているのだから」

「私の姓を継がせます」と言うのと、「どうぞ、あなたの姓を与えてください。あなたが父親なのですから」と言うのとでは、親どうしの、ひいては親と子の関係性がかなりちがってくるだろう。日本では、姓が家制度にがっちり結びついているために、その呪縛を逃れようと闘っている人たちは、こうした見解に本能的に拒否反応を示すかもしれない。それは当然である。フランスでは、女性であっても個人の正式な姓は、生涯を通じて生まれた時の姓だ。そういう大前提があってこそ成り立つ議論なのかもしれない。

いずれにせよ、母親が自分の姓を継がせたいという時、そこには、子どもは自分のものだという主張がある。あなたの姓を継がせましょうと言う時、すでにすべてを手中に握っている母親は、あえて他者（父親）を自分と子どもの間に立たせることで、一歩を譲る。もしかしたら、それは人生の始まりに母親が子どものためにしてやれる非常に意味深長な贈り物なのではないか。

子どもは母親だけではなく両親ふたりのものであり、さらに言えば、社会の財産でもある。しょせん、いつか自分たちの手を離れてゆく存在だ。そういうまに縛られない未来を見遥かす視線、つまり距離感が、子に父親の姓を名乗らせるという行為の背後にはあると思う。父親の姓は、「他者の名」であるからだ。

7章 「父親学」の現在

父親学という専門分野があるわけではないし、父親学者という専門の研究家がいるわけではない。しかし、フランスでは一九八〇年代から九〇年代にかけて、父親についての著作が多く書かれ、考察が深まり、それが父親の権利見直しにつながっていった。決して専門的な難しいものではなく、一般の読者に向けて書かれたものだ。そうした著作は、新しい父親像の形成に貢献し、ごくふつうの人たちが家族や父親を考える上での指標となった。

この章では、六人の論者を選び、「父親学」の旗手たちのメッセージの要点をまとめてみたい。もちろん、父親学の現在はこの人たちの仕事に限られているわけではなく、ほんの氷山の一角である。ここ十年くらいの間にメディアで取り上げられた研究家の中から、なるべく偏らないように選んだつもりだ。これまでの章で語ってきたことと重複する部分もあるかもしれないが、フランスにおける父親についての試行錯誤の軌跡をくわしく知りたい人たちの一助になればと思う。

母の支配を脱して

クリスチアンヌ・オリヴィエ、彼女は精神分析学者で、フロイトの提示した父親像に一矢を報いた女性である。『イオカステ（ジョカスト）の子どもたち』（一九八〇年、ドゥノエル社）は、いまも読み継がれているロングセラーだ。

第4章の　エディプス・コンプレックスのところで触れたが、イオカステはオイディプスの母であり、後にそうとは知らずにオイディプスと結婚してしまう。彼女に焦点を当て、母親が父親抜きにいわば「単性で」子どもを育てることの危険性を解き明かした。

『エヴァの娘たち』（一九八八年、ドゥノエル社）では、母と娘の関係性を語り、『オレストの息子たち、または父親の問題』(一九九四年、フラマリオン社)では父親の役割について掘り下げている。著作の題名を並べて見れば一目瞭然の通り、神話、つまり民族の深層心理の淵に降り立っていって、私たちの「いま」を分析している。

オリヴィエの貢献は、「父親が父親となることを阻んでいるのは、母親自身だ」とはっきりと指摘してみせたことだろう。彼女が『イオカステの子どもたち』を書いた当時は、まだ、社会は母親偏重主義に傾いており、離婚があれば当然のように子どもは母親のもとへ引き取られ、父親は面接権があればありがたいと思え、というような風潮だった。子どもとまったく会えなくなる父親も多かった。父親の重要性になお社会は鈍感であった。

父親の擁護者として、エヴリンヌ・シュルロの名も挙げないわけにはいかない。シュルロは、フェミニストの草分け的存在で、家族計画運動の創設者として活躍し、女性の権利拡張に貢献してきた社会学の権威だ。同時に、父親たちの法的な権利見直しに大きく貢献した人である。

シュルロは、女性の側に大きく振れ過ぎてしまった振り子を父親側に引き戻そうと、オリヴィエとはちがった意味で、父親たちの弁護に立った。『どんな父?どんな息子?』(一九九二年、ファイヤール社）は、一九八〇年代に至るフランスの父親たちの状況をくわしく分析した著作として、いまや古典になっている。

特に、離婚後に父親たちがないがしろにされる状況を深刻に受け止め、離婚によって男女が血を流し合い、女性の意向しだいでは父親たちが正当な面接権すらまともに行使できないケースがあることを指摘し、離婚後の父親にまつわる問題点を明らかにした。

第5章で見た通り、十九世紀以降、工業化・都市化が進むにつれ、母は内、父は外という分業が進んだ。さらには度重なる戦争が、父親の不在を深刻にした。戦後になっても、父親の存在感は家庭から薄れていくばかりであった。日本の状況も似たりよったりだっただろう。子どもの世話と教育は、いつしか母親だけの手に握られる状況が生まれた。

精神分析学の立場からは、父親が不在でも、心の中に「象徴」として存在していれば十分だ、という見解もある。しかしクリスチアンヌ・オリヴィエは、「象徴としての父親」などというものは張りぼてにすぎないと、「裸の王様」を弾劾してみせた。必要なのは、血肉を備えた父親が子どもにかかわることである、父親よ、家庭に帰れ、と。いまでは当たり前のように思える呼びかけだ。

ただし、オリヴィエは家にいない父親を責めたわけではない。家庭に不在の父親たちを批判するのは簡単なことだが、実は父親たちが子どもの世話をしたり、子どもとかかわることを阻んでいるのは母親自身である場合が多い。オリヴィエはそうした母親の無意識をめぐる問題点を明らかにしたという意味で、父親学に大きく貢献したと言える。

私は、前章の冒頭に登場したパスカルを思わずにはいられない。

「出産に立ち会うのはこわかった。出血を目にするなんて、ぼくには堪え難いことに思われたから……。でも、生まれたばかりのポーリーヌが妻のおなかの上に乗せられて泣き声を上げた時、ぼくが話しかけたら、奇跡のようにすっと泣き止んだんだ。妻のおなかの中にいる時、いつも話しかけていたからかな。不思議だよね、ぼくの声を聞き分けたみたいに、すっと泣き止んだんだ」

ささいな出来事だが、彼にとっては宇宙ほどの広がりを持つ体験でもある。なぜなら、パスカルが話しかけたことによって生まれたばかりの子どもが沈黙したという事実は、パスカルの内で重要な意味を持ち、その与えられた意味によってパスカルは父親になる一歩を踏み出したのだから。こうしたささいな体験の積み重ねで、父親も母親も、親になってゆく。

その一方で、パスカルは別の逸話も語ってくれた。

「ポーリーヌが夜泣きを止めない時があった。歯が生えてくる頃で、たぶんむずがゆかったのだろう。夜中に、ぼくが起きて娘を抱いてあやしてやったけど、ちっとも泣き止まない。妻はいらいらした様子で起きてくると、あなたのやり方が下手なのよ、と吐き捨てるように言って、ぼくから娘を取り上げた。妻も疲れていて、いらいらしていたんだろう。でも、あの時ばかりは、娘を妻に奪い取られたような気がしたよ」

パスカルの気持ちは、おそらく多くの父親がどこかで体験していることだろう。母親は、自分の方がうまくやると確信している。もちろん、それは事実だろう。たいていは父親の方が不器用だし、子どもの反応を母親ほど敏感には察知できない。だが、だからといって、父親が父親として行動しようとする時に水を差すのは実に残念なことだ。

「父親は子どもにその名を与えることによって自分の刻印を押すわけだけれど、子どもの身体は母親に一任される。妊娠するのは母親だから、あたかも子どもを支配する権利は母親にあるかのように、父親はすっかり除け者にされる。つまり、男性が父親の役目を果たすために出会う最初の障害は、女性自身なのだ」

　姓の問題が浮上するよりずっと以前から、オリヴィエは、一方的な母親支配の弊害を訴えていた。女性たちは、父親不在を嘆きつつ、実はどこかでそれをよしとしている。子どものことは自分がだれよりもよくわかっていると確信している。父親が不在であれば、子どもは完璧に自分のものとなる。たとえ相手が夫であれ、自分の優位を脅かされるのはいやなのだ。もちろん、すべては無意識下でのことである。

　父親が現実に不在の場合、子どもにとっての規範は母親だけになってしまう。特に男児の場合、「父さんのようになる」ではなく、「母さんのようにはならない」という基準でしか、子どもの性的なアイデンティティは形成されない。

　オリヴィエは、子どもが「他者」を認識し、「他者の身体」との接触に悦びを見出すのは母親より父親を通してである点を強調し、父親が子どもにかかわることの必要性を強く訴えた。父親は「他者」――それは後に社会だったり、将来の伴侶だったりもするわけだが――に扉を開く存在なのだ。男性たちよ、もっと子どもにかかわり、もっと具体的に子どもの世話をしよう。女性たちよ、父親にもっと子どもを任せる度量を持とう。そして、もっと父親が父親としての役割を果たせるような社会を目指そう。つまり、父親が仕事に忙殺されて当然の社会でなく、父親をする時間と余裕のある社会にしていかなければいけない。オリヴィエの呼びかけはこういう具体的な広がりを持つものである。

時間をつかさどる人

アルド・ナウリ医師は、ふさふさした太い眉の下からいたずらっぽいまなざしで患者を見つめる。何のためらいもなく、幼児や子どものからだに触れてくる。手で触れることが医者の仕事の基本だと心得ている。大きな厚みのある手の中に包み込まれた子どもは、けらけらと楽しそうに笑い声を立てる。

ナウリ医師の診療所はパリ十三区の庶民的なカルチエにある。四〇年にわたり、小児科医として活躍しながら、家族や父親の問題に鋭い問いを投げかけてきた人だ。ナウリ医師が書いた画期的な育児書『すくすく育つ子』（一九九三年、スイユ社）はベストセラーとなった。それまでの、正解がひとつしかないような育児書と大きくちがい、「こうでもないし、ああでもない、でもそういう道があってもいいかもしれない……」という、まわりくどい彼独特の文体で、子育てにつきものの迷いと同時に豊かさを表現した。子育ては迷いの連続である。そうした迷いをまるごとすくいとって、迷いそのものに意味を与えてくれたという意味で、育児の文学書と言っていいかもしれない。

私自身、最初の子どもを診てもらったことがある。診療の際、ずっと気になっていたことを質問した。

「フランスでは、親子がひとつベッドで寝てはいけないように言いますよね。日本では、親子が川の字になって寝る、というようなことがごくふつうです。フランスに住む私としては、どうしたらいいんでしょう」

精神分析学の知識も豊かなナウリ医師は迷いを見せずに答えた。

「フランスで、親子がいっしょに寝るのはタブー視されます。寝床はあくまで夫婦のもの、性生活が営まれる場所と考えられているからです。そうした文化の中で育った人が子どもといっしょに寝たら、やはり問題です。でも、あなたは日本の文化の中で育ってきて、別にそのことに罪悪感を持っているわけではない。ですから、問題ありません」

そう言われて新米ママとしては大いに安堵した。知人の日仏カップルには、夜泣きを効果的に鎮めるために、赤ん坊を夫婦の寝床に入れて寝かしつけ、そのうち夫の方が寝床から追い出される、というケースがけっこうある。フランス人どうしのカップルであったら、こういうことにはならないだろう。寝床はあくまで夫婦のものだ。

フランスでは、赤ん坊が夜泣きしたらもちろん起きて面倒を見るが、あなたにはあなたの場所があるのですよ、と赤ん坊に言葉と態度で示す。赤ん坊のベッドは別、スペースがあれば部屋も別にするのがふつうだ。この場合、父親は母親と子どもの間の「障害物」として機能する。父親は母と子の密着を防ぐ壁の役割を果たしているのだ。

日本では夫婦が寝床を別にするのが当たり前の家庭が多い。住宅事情もあるだろうし、男性の帰りが遅く、生活時間がずれていることが理由である場合もあるだろう。しかし、本音を言えば、赤ん坊が生まれた途端に、女性にとって夫は邪魔な存在として認識されるのではないか。夫がいない方が、要は「効率的」に育児ができると考える母親は意外と多いのではないか。

赤ん坊が夜泣きする。母親はすぐに夜泣きを止めようとする。当然の反応だ。ナウリによると、母親は妊娠の論理に支配されている。つまり、子どもの欲求をすべて、それも即座に満たすという論理だ。この場合、欲求というのは、食欲に代表されるような生物的な本能のことである。

母親は、子どものすべての欲求に即座に応えようとする。胎児は母親の腹の中で、空腹など感じずに、胎盤から直接栄養をもらっていた。その時、母親と胎児の間に「時間」は存在しなかった。子宮の中の時間は永遠の時間だ。そこは永遠の楽園である。

母と子は、いつまでもこの時間の存在しない楽園に住んでいたいと願う。父親は、それを阻む存在なのだ。

この世に生まれ落ちたが最後、　胎児は空腹だとか、暑さや寒さだとか、常に何らかの「欠乏感」にさらされる。母親はそれを即座に満たそう、「満たされるまでの待ち時間を消そう」と躍起になる。父親は母親ほどの危機感を持たないから、いつもそこにずれが生じる。母親はしばしば、このずれにイライラする。

しかし、このずれこそが大切なのだ、とナウリは父親についての古典的名著『父親のための場所』（一九八五年、スイユ社）から近著『父親と母親』（二〇〇四年、オディール・ジャコブ社）に至る著作を通して訴えている。

時間というのは、死へ向かってまっしぐらに進むものだ。時間感覚の獲得は、死にゆく存在である自らを受け入れる過程でもある。母親は子宮を無限に拡大し、どこまでも子どもを包み込み、保護しようとするが、それは決して子どもの成長にとって望ましいことでない。

何らかの欠乏の感覚があるから、子どもは泣く。その欠乏の感覚こそが、人間が人間たる所以のもので、欠乏の感覚がある種の緊張をもたらし、ほしいものに手を延ばす動きを生む。欠乏の感覚があり、待たされる時間があるからこそ、その欠乏が満たされた時、幼児は「自分」を意識する。大袈裟に言えば、それは死を克服し、自分が生きていると感じる瞬間なのである。それは幼児に限ったことではないだろう。

おとなでも、欲するものがあり、それを手に入れるために工夫する。そして、それを獲得した時、本当の満足感がある。欠乏感こそが生きている証であり、また生き甲斐を感じる瞬間であり、欲したものと自分の関係性から「個性」というものも生まれるのだ。

子どもの欲求すべてを即座に満たそうとする過保護の母親は、時間を否定することで死を否定し、父親を否定し、子どもを満足させることと自分の快感をごっちゃにしてしまう。つまり、子どもから、その子が一個の人間として存在する可能性を奪ってしまうのだ。

誤解があるといけないので、もう一歩踏み込んで説明したい。ナウリは、子どもと母親の間に立ちはだかり、子どもの欲求に「ノン」と言だけが父親の役割だと言っているわけではない。「ノン」というのは、「それはダメ」だという意味だ。「ちょっと待ちなさい」「いまはできないわ」という場合もあるだろう。ナウリは、母親が「ノン」と言う時、子どもがその背後に、無意識ながら、父親の「ノン」を感じ取ること、それこそが大切なのだと言う。

極言すれば、「父親は母親の愛人であることをやめてはいけない」ということだ。父親の最大の役割は、母親の視線が子どもから自分の方へ向く時間を確保すること。つまり母親との性関係を保ち、母親に女性であることを忘れさせないことなのだと。子どもが生まれたら夫婦生活は消えて当然、というような日本的夫婦の在り方とはだいぶ隔たりがある。

母親がひとりの男性として父親を見つめる時、初めてそこに、「父親のための場所」が開け、子どもは、母親は自分だけのものではないことを実感する。フランス的な言い方になるが、母親が父親に「ウイ」と言うこと（つまり性関係を持つこと）が、子どもに「ノン」と言う時のたしかな土台となるのである。

ナウリは繰り返し強調する。夫婦の豊かな性関係がどれほど子どもの成長に重要であるか。父親が子どもに何をするかしないかより、とにかく、母親にとって性的存在としてあり続けること。そこに父親の存在理由があるのだと。

ナウリの論理でいくと、父親の姓を子どもに伝えることはいっそう重要な意味を持つ。父親の姓を子どもに伝える行為は、母親が父親に「ウイ」と言ったことを暗に示すものである。男女平等にそむく習慣だからなくした方が進歩的だと考えるのは本末転倒なのかもしれない。

また、離婚の後、子どもが父親と母親の家を一週間交替で行ったり来たりすることを認めた二〇〇二年の法改正にも彼は疑問を投げかけている。少なくとも幼児のうちは、子どもは母親への依存度が高い。父親の必要性は年齢とともに高くなる。そうした成長過程を無視しておとなの都合に合わせるのは、ナウリの目にはかえってひとつの反動と受け取れえる。しかし、父と母の役割に明確な境界線を引けばこそ、ナウリの見解の方を反動的と捉えるメディアも少なくない。

父の胸

ドゥニ（三六歳、コンピューター技師）が父親になったのは一年前のこと。レオが生まれてから、サンドラ（三四歳、モード会社勤務）と三人、本当の家族になった気がする。サンドラとは四年前から生活をともにしている。夫婦で働いているので、レオを昼間はベビーシッターに見てもらっている。保育園は空きが見つからなかった。同じ建物に住む別の家族と共同でベビーシッターを確保し、互いの自宅で、交替制で子どもを預かって見てもらっている。

仕事から帰ると、ドゥニはまずレオの目線まで腰を落とす。両手を広げると、レオが小さなからだごと飛び込んでくる。それから床を転げ回ってふたりで格闘するまねをする。

これが、父と息子の間の一種の儀式になっている。

心理学者で子どもの成育過程に関する研究の第一人者として知られるジャン・ル＝カミユは、『父親の本当の役割』（二〇〇〇年、オディール・ジャコブ社）で、これまでに行われてきた多様な研究結果を比較分析し、新たな父親像を模索している。

世界各国の研究結果を総合すると、父親は母親よりも頻繁に子どもを挑発し、時にはわざと、子どもを困らせる行動を取ることもある。ここにジェンダー論議を挟むとややこしくなるので、あえて脇に置くことにして現状をありのまま分析すれば、母親は慰め、父親は刺激を与える存在だといえる。もちろん例外はあるだろう。だが一般的には、転んで痛い思いをした時、子どもは慰めを求めて母親の胸で泣くことが多いだろうし、何かいつもとちょっと変わったことがしたいと思った時は、父親を誘うことが多いだろう。ドゥニがレオとじゃれて愛情を込めて格闘するように、父親は意識せずとも、母親とはちがう態度や行動で子どもに接している。

「父親の傾向として顕著なのは、子どもが何か企てて行動に移そうとする時、積極的に後押しすることだ。おまけに、もっとやれ、と仕掛ける。そうした父親がそばにいる場合、

一、二歳ですでにちがいが現れる」（前出一三五頁）

父親の存在感がある家庭の子どもの方が、一般に、「他人」や「外の人」にたじろがない子どもになるという。父親の腕の中で羽交い締めにされてもがいたり、びくともしない父親の胸を力いっぱいたたくことが許される時、子どもは母親との関係とは異質の関係があることを学ぶ。

ル＝カミユは父親たちに、象徴としての父親、名前を伝える者としての父親より、もっと具体的・現実的、肉体を持った存在としての父親であることを勧める。母親が「母である」という本質を「いること」で示すのだとしたら、父親は、子どもと何かを「する」存在なのだ。

多くの父親が、「最初にエコグラフィーを見た時の感動」を語る。フランスでは妊娠期間中、三回のエコグラフィーは無料である（健康保険でまかなわれる）。エコグラフィーは、それまで空想の中だけでしか存在しなかった子どもが、父親の中で視覚的に形を取る瞬間だ。現代の父親はかつての父親より、ずっと早い時期から、父親として子どもにかかわる可能性を与えられている。それを利用しない手はない。父親は妊娠、出産の時点から積極的に母親と子どもの間に「侵入・介入」していいのだ、とル＝カミユは父親たちを励ます。

しかし、実を言えば、それはそう容易いことではない。なぜなら、親となる時、往々にしてその人のアイデンティティが危機にさらされるからだ。

親になるということは、自分の親と自分との関係を再び生き、問い直す作業でもある。自分が親になることで、自分の父親の場所を奪うことでもある。しかも、妊娠期間中にたっぷり理想の子ども像をふくらませた果てに、子が生まれ出てみれば、大なり小なり現実とのギャップがあることに気づく。自分の描いた理想を修正せざるを得ない。そうしたいくつものアイデンティティの問い直し作業を経ながら、父親は父親になってゆく。

長年の研究観察から導き出された結論として、ル＝カミユは、父と母と子というトリオは（血のつながりとは関係なく）、子どもがのびのびと開花する可能性を最も高く保証する家族の形だと言い切っている。なぜなら、トリオになった時初めて、親の重要な務めが最もスムーズに成し遂げられるからだ。その務めとは何か。

その子がほかのだれでもなく、この世に唯一の存在だと感じること。自分が「ある」ことを実感すること――。

人が自分自身を確立するのに必要な二大柱は、性のちがいと世代のちがいである。性のちがいがあること、また世代のちがいを通していのちが続いてゆくこと。そのふたつの「ちがい」こそが、ほかのだれでもないその人をその人たらしめる。ふたつの「ちがい」はいのちの本質にかかわり、人が生きてゆく上で最強の土台を構成するものだ。人格の屋台骨と言ってもいい。父親は母親とはちがう性の持ち主であり、母親を子どもから切り離すことで子どもの世代と一線を画す。そうした「ちがい」の体現者であるがゆえに、父親は「権威」を獲得するのである。

最後に、ル＝カミユが、いまの保育園や幼稚園や学校が、あまりに母性社会化していることを嘆いていることもつけ加えておきたい。幼稚園の男性教師（フランスでは幼稚園も学校制度の一部）の割合は、わずか二%だそうだ。たしかに極端すぎる。私事ながら、下の息子が通った幼稚園に男性教師がひとりいたが、その人気たるやすごかった。子どもたちは敏感に性のちがいを感じ取るのだろう。ちがいは魅力であり、外界への扉をこわごわ押して中を覗いてみたい子どもたちにはかけがえのない存在なのだ。

親と親を足し算して……

精神分析医ジュヌヴィエーヴ・ドゥレジ＝ド＝パルスヴァルは、家族問題の専門家であり、生命倫理法の審議にも深くかかわってきた人だ。人工生殖技術の導入がいかに二〇世紀から二一世紀にかけての親子観に揺さぶりをかけ、親子関係の法的枠組みに影響を与えてきたかを中心に、親子関係の変遷を斬新な視点で分析してきた。ある意味では、最も先鋭的、革新的研究者で、同性愛カップルが親となることにも寛容な立場を取っている。

彼女が拠って立っているところは、一九八一年に出版された『父親の取り分』（スイユ社）の再版のために二〇〇四年に書き足された序文にうまくまとめられている。

「人間は、哲学者ポール・リカールが言うように、基本的に物語る存在である。人間のアイデンティティは、まず何よりも『物語られたアイデンティティ』なのである。したがって、精子提供による人工授精によって生まれた子どもが、提供された精子のアイデンティーに感化される理由は特にないし、むしろ授かった時点から、子どもの誕生を心待ちにし、子どもを育てた父親のアイデンティティの方により感化されるだろう」

ドゥレジ＝ド＝パルスヴァルは、だからこそ、精子提供者がだれかわかっても問題はないはずだと結論する。現在の時点では、精子提供者の名は伏せることが義務づけられている。彼女は必要とあれば提供者の身元を明かす道をつけた方が、生物学上の父親が、単なる種馬的立場から人間的立場へ脱却することができ、双方の人間性を尊重する道を拓くだろうと主張する。

この場合、父親はふたりいることになる。生物学上の父親と、その子を欲し、養い、愛情を注ぐ父親と。ドゥレジ＝ド＝パルスヴァルは、こうした複数の親の存在を、「足し算による親」と名づけ、少しもタブー視しない。

同性愛者どうしのカップルに対しても同じだ。同性愛者である以上、子どもを産み育てるには、第三者との性行為の介入、または、人工生殖技術の介入が必要となる。わかりやすい例では、女性どうしのカップルと男性どうしのカップルが、合意のもと、共同で子どもを産み育てるケースを考えればいいだろう。いまのフランスでは法的には認められていないが、そうした子どもには、いっぺんに四人の親がいることになる。親が複数いるから、本当の親の立場がなくなるとは考えず、足し算思考でポジティヴに考えようというわけだ。

同性愛者に限らず、人工生殖が今後ますます盛んになることはまちがいない。その場合、ひとりの父親、ひとりの母親の場所を確保するために、ほかの親を引いて「ないこと」にするのではなく、こうした複数の「足し算による親」の在り方をどう捉えるかが、避けて通れない問題として立ちはだかってくるだろう。

「現代社会においては、『本当の父親』がだれなのか、一切曖昧になってしまった。ケースによって、話し合いや裁判のたびに新たな父親像を作り出さなければならないかのように！ その人の都合や、その時々の利害関係によって、境界が移動し、生物学上の自然の法則の方へ傾いたり、フィクションを土台とする法的な定義へ傾いたり、現実の生活と愛情のつながりに重きが置かれたりする、といった具合だ」（『父親と父性の歴史』二〇〇〇年、ラルース社）

父親にとっても母親にとっても、そして何より子ども自身にとって、たいへん錯綜した時代を私たちが生きていることを、ドゥレジ＝ド＝パルスヴァルは一切のタブーを取り払った視線でありのまま見つめようとする。

かつては父親の横暴な権威や家庭内における権力関係が問題だったが、幸いそうした時代は遠のきつつある。様々な父親の在り方がある以上、裁判官が頭を悩ませるのは、父親と子どもとのかかわりをどのように把握し、定義し、社会的立場を与えるか、という点に集中してきている。

だが、混沌とした時代だからこそ、そこには新しい可能性がたくさん秘められているとも言える。すべての権力を握る家父長的イメージの父親から、解釈によっては変幻自在の現代の父親まで、ドゥレジ＝ド＝パルスヴァルが言うように、「どんな父親像を生きたいのか、選ぶのは父親自身」なのである。

父からすべての人へ

最後に挙げるディディエ・デュマは、子ども専門の精神分析医である。パリを取り巻く環状線を一歩南へ出た閑静な住宅地にある自宅が診療所を兼ねている。地下のホールを開放して、講演会や討論会も頻繁に主催している。テーマは、精神病理への多様なアプローチの仕方、親子関係、セックス、シャーマニズムなど、実に多岐にわたる。子どもの精神分析家として一時代を風靡したフランソワーズ・ドルト（一九〇八―八八）の後継者のひとりでもあり、ドルトがそうであったように、学界や派閥の壁をやすやすと超える柔軟な思考の持ち主である。

肉体と精神を切り離して考えないところは東洋的ですらあるし、現代的なものと原始的なものの間にも優劣をつけない。彼の著作は、長い時間をかけて子どもたちの心に寄り添った果てに積み重なった豊富な実例とやわらかな感性に満ちている。

三〇年にわたる臨床体験をもとに書かれた『父なきところに言葉なく』（一九九八年、アシェット社）では、多くの子どもの精神障害の原因が父親の存在の欠如にあることを解き明かす。『そして、子は父をつくりたもうた』（二〇〇〇年、同社）では、父親が子どもとかかわることの重要性を具体的に語っている。

『聖書と幽霊たち』（二〇〇一年、デクレ・ド・ブルウェ社）は、驚くべき書である。何が驚きかといって、信仰に関係なく、一精神科医という立場から聖書を分析し、その本質に迫っている点だ。最先端の精神病理学がいまようやく行き着いた地点に、とうの昔に聖書は到達していたということを生き生きと解き明かしてみせる。その理論の核にあるのは、やはり父親という存在が子どもの精神形成に及ぼす決定的な影響である。

「胎児と子どもの精神の健康は、アイデンティティを形成してゆく過程にふたりの人間がかかわるかどうかにかかっている。しかも父親は、子どもの精神の発達を保証する存在である」

『そして、子は父をつくりたもうた』の一節である。これまでに見てきたフランス父親学の総まとめにもなるので、少し長くなるが、引用したい。

「健全な子どもの精神は、肉体もそうであるように、外にあるものを材料として構築される。子どもがパパを見て自分のアイデンティティをつくるという時、それは、精神を構築するための要素を父親から受け取るという意味だ。もしたったひとりの人間しかモデルがないとしたら、子どもは精神的に、母親の『入れ子』でしかないだろう。父親との間に築く関係性によって、子どもはふたりの親とはちがう一個人として自分をつくっていけるのである。父親にアイデンティティを求める過程を踏まなかったら、子どもはいつの日か母のもとを去るなどということに考えも及ばないだろうし、いずれ精神の形成に大きな支障をきたすことだろう。母親ひとりに育てられた子どもに悲劇が訪れるのが多いのはそのせいだ。母親にとって子どもがすべて、子どもにとって母親がすべてでは、母子の分離作業は不可能になる。

反対に、父親の内にアイデンティティを探すことによって、子どもはすべてのほかの人間――友人、きょうだい、友だち、教師など、両親のもとを去った後も精神の成長に必要な材料を提供してくれる人たち――に自分を重ね合わせることができるようになる。そのような意味で、子どもは父親によって、自分が母親とは別の、異なるひとりの人間であること、また同時に複数の人間でもあることを学ぶのだ」

デュマは、幼児が幼児期を脱するのに、父親の存在はことのほか重要であると言う。ママが大好きなのは当たり前だ。ママとは心もからだも一体となっている。ある意味では、それはエロティックな関係であり、混沌とした一体感でもある。しかし、パパと「わたし（ぼく）」の関係は、もっと言語化されたものとして意識される。つまり「パパがすき」と言う時、子どもは「わたし」を自覚しており、それは言葉の上でのことなのだ。言葉にすぎない、という意味ではない。肉体と肉体が融合するような一体感を伴う関係性とはちがう、明確に言葉が介入する関係という意味だ。

肉体の融合が介在しないという意味で、デュマはそれを「プラトニックな関係性」と言い換える。母親との関係において生まれた感情や快感を、子どもは父親との関係においては言葉を通して体験し直す。デュマは、こうした父親への愛情こそが、精神を高みへと誘い、その人の後の人生にとって確固たる基盤を築くのだと言う。

「ひとりしか愛せなかったら、ほかのものを欲することは不可能になり、いつまでも赤ん坊のままでいるだろう」

愛情は、人が生きてゆく上で欠かせない。愛情は生きてゆくエネルギーの源である。母親への愛情は言わずもがな。しかし、母親しか愛せなかったら、その人の道は最初から閉ざされているのと同じである。

父親への愛情が、母親への愛情より少し遅れてやってくるのはたしかだ。しかし、だからといって、ふたつの愛情に優劣はつけられない。肉体への接触が先行することで形成される愛情と、言葉を通して形成される愛情と、そもそも質がちがう。人間が乳を吸っている姿は動物とあまり変わらない。人間が人間であるのは、言葉が介入することによってである。人間には、そのふたつのものがどうしても必要なのである。

しかも、現実にいま性生活を営んでいるおとなの存在が必要なのだ。なぜなら、両親のどちらかに自分を重ね、しかもまだ自分がそうした性交渉を営む成熟さを持たないことを認識することで、改めて子どもはプラトニックな愛情というものを学ぶからだ。これが、初期のフロイト派がまき散らした親殺しの陰惨なイメージとは似て非なる、デュマによるエディプス・コンプレックスの肯定的解釈である。

もちろん、幼児期だけがすべてではない。幼児期に父の存在を欠いたからおしまい、ということにはならない。前出のボリス・シリュルニックのような人は、人間が成長するのに決して「遅すぎる」ことはないことを、『幽霊のつぶやき』(二〇〇三年、オディール・

ジャコブ社）などの著作を通して示している。自身がナチスによるユダヤ人虐殺の生き残りであるシリュルニックの証言には地獄から生還した者の言葉だけが持つ重みがあり、その臨床経験に基づく著作は人々に希望のメッセージを送り続けている。

「遅すぎる」ことはない。どんな状況で生まれ、育った人にも、出会いによって自分を変えてゆくチャンスはあるはずだ。そこに人間の魂の神秘もある。だが、苦しむ子どもをつくるより、やはり生きてゆく喜びと力に溢れる子どもたちを次の世代に送り出してやりたいと誰もが願わずにはいられない。そのためにも、いま改めてデュマの視点が注目されてしかるべきだろう。

父親が、子どもがすべての人間へ向かって自分を開いてゆくためのトランポリンの役割を果たすものだとしたら、父親であるとは、なんと素晴らしくも崇高な役回りなのだろう。

おわりに

白状すると、なかなか書き始めることができなかった。材料はあるのに、自分でもなぜだかはっきりとわからないまま、もやもやした思いを抱えて、気づけば二、三年が過ぎてしまっていた。

平等な役割分担が求められる時代だからこそ、母親に対し、父親ってなんだろう?と、誰もが問わずにはいられない。父親について書くことは、すなわち母親について考察することでもあった。父親と母親が同じなら、何もふたりいる必要はないわけだ。単に家事や子育ての役割分担の要員ということなら、ひとりでもいいし、ふたりでも三人でもいいだろう。究極的には、親がなくても子は育つ。人間はどんな状況だって生き延びるのだから。

ただ、子どもは、男がいて女がいて、ふたつの性が結ばれてこの世に生まれてくる。そして、子どもは周囲のおとなを見ながら、自分も責任あるおとなに成長してゆかねばならない。生まれたいのちをいかにして一個の「おとな」、とまではいかなくても少なくとも半人前くらいまでには仕上げ、次の時代にバトンタッチするか、その試行錯誤のすべてが「子育て」なわけだ。

「おとな」をつくる必要条件はいろいろあるだろう。経済力、独立心、責任感、他者への配慮……。もちろんどれも重要だが、「おとな」になる前提には、自分に固有の性を受け入れる過程があり、それはその人の成熟度にとって決定的な要素となる。「おとな」とは、男性または女性として、たとえその間に様々なバリエーションがあるにしても、自分に固有の性をありのまま引き受け、その性を生き抜く覚悟を身につけた者のことだ。そのためにこそ、幼少時からふたつの性とかかわり合う経験が重要になってくる。

そうなると問題は、やはり男と女で育てることの意味は何か、男と女にいかなるちがいがあるのか、という点に及ぶ。おっと、これは危ない。

ひところジェンダー論議が盛り上がったが、「ちがい」を扱うにはかなりのエネルギーがいる。男と女はもとからちがうなどと言えば、反動的と捉えられかねない。私は進歩的とか反動的とかいう世界の区切り方にはついていけない、あまり政治的ではない人間だ。進歩的な言説をまき散らす人が、実は深いところで反動的だったり、反動的と呼ばれる人の中に、新しい思考法を恐れぬ勇気が見られる場合もある。だから、そうした見方と距離を取る癖が身についてしまっている。そんな私が果たして「ちがい」についてうまく語れるのだろうか。そのあたりが、私に足踏みをさせていた原因だったかもしれない。

おそらく、うまくは語れないし、失敗に終わるかもしれない。だが、うまく語ろうとすること自体が邪道なのだ。私にできる唯一のことは、人々に寄り添い、その日々の逡巡や哀しみ、人界の波の中から立ち上ってくる泡粒のような囁きやため息を掬い取り、そこに時代の流れを感じ取ることなのだろう。それだけでいいとは思わないが、そこからしか始まらない。そう思い切ることで、ようよう書き出すことができた。

父親とは何か、を考察してきて思うのは、つくづく父親とは文化そのものだということだ。歴史的に見ても、父親は決して血のつながりに拘束された存在ではなかったし、いまの時代においてもそう変わりはない。血のつながりは尊いが、その絆さえ超えて、父親は存在する。その意味で、父親は人間や文化の成熟度のひとつの目安である。

そして、父親と呼ばれるものの崇高さは、不確実な未来を不確実な始まりとともに引き受けることにある。その子がどう成長するのか、それはだれにもわからない。聖人になるかもしれないし、悪党になるかもしれない。見てきたように、自分が本当に父親であるのかさえ、突き詰めれば、本来不確実なことである。

人間も、いのちの終わりはわかっても、しょせん始まりはわからない。神様だって知らない。いや、神様だけは知っているのかもしれない。人工生殖技術が介入する場合ですら、なぜその回の生殖が成功したのか、医者にも説明できないことはあるだろう。始まりの部分、つまり神秘をどう捉えるか、世界をどう受け止めるかは、あくまで個々人の問題だ。人間はそれほどに神秘的な奥行きを持った存在なのである。だが、だからこそ、父親は、神の領域であるいのちの神秘に人間の側から出すことができる、唯一の答えなのではないだろうか。

生まれてきたいのちを前に、「よし、引き受けた」と宣言することで。

私たちが生きる時代は、人工生殖やＤＮＡ判定といった技術によって大きな地殻変動を起こしている。男たちの一部は、不確実な未来を引き受けることに恐怖し、おののいている。確実性九九・九五％と言われるＤＮＡ判定が存在する時代ゆえ、科学の確実性にしがみつこうとする人たちも決して少なくはない。しかし、本来、いのちはもっと大らかで豊かなものではなかったか。親子や家族のつながりは、もっと劇的なものではなかったか。

人間の数ほどに人生の形もある。父親の形も無数にある。形の上でこうでなければならない、とはもうだれにも言えない。ましてや親であることは絶えざる失敗の連続であり、絶えず軌道修正を迫られる受難の道である。完璧な親など、どこにもいはしない。だからおもしろい、とも言える。常に変化してゆくことが求められるから。そして、父親であることは、もしかしたら、母親であること以上におもしろいことかもしれない。この本を書き終えて、いま心からそう思う。

かつて国家権力と結びついていた父権とはまったくちがった意味で、父性が社会の隅々まで行き渡るためにも、飽くことなく問い続けよう。父親って何？　と。

答えはおそらく、日常の中でひとりひとりが問いかける、その行為の中にしかない。

Les fils d'Oreste, Christiane Olivier, Flammarion, 1999
Des noms-du-père, Jacques Lacan, Seuil, 2005
Lectures bibliques, Anne-Marie Pelletier, Cerf, 2001
Célébration de la paternité, Sylvie Germain, Albin Michel, 2001
Errants de la chair, Jean-Pierre Winter, Payot, 2001
Incroyance et Paternité, Charles-Henri Pladelles de Latour, EPEL, 2001
Le sommeil de la raison, Norbert Bensaïd, Seuil, 1988
Le murmure des fantômes, Boris Cyrulnik, Odile Jacob, 2003
Parler d'amour au bord du gouffre, Boris Cyrulnik, Odile Jacob, 2004
Homoparentalité, Stéphane Nadaud, Fayard, 2002
Des parents de même sexe, Eric Dubreuil, Odile Jacob, 1998
Les nouveaux droits du père, Claude Lienhard, Delmas, 2002
Les pères ont des enfants, Alain Etchegoyen et Jean-Jacques Goldman, Seuil, 1999
Ainsi soit-il, Hélène Vecchiali, Calmann-Lévy, 2005
C'est de ta faute !, Catherine Serrurier, Desclée de Brouwer, 2004
Pères et fils, Autrement, juin 1984
L'aventure de la paternité, le Nouvel Observateur Hors-série, décembre 2002-janvier 2003
Etre un homme aujourd'hui, Psychologies Hors-série, mars-avril 2005
Homos et parents, Psychologies septembre 2004
Ça va, les Hommes ? le Nouvel Observateur, du 13 au 19 juin 1991

主要参考文献

Je vais être papa, Gérard Strouk et Corinne Vilder Bompard, Edition du Rocher, 2001
Quels pères ? quels fils ? , Evelyne Sullerot, Fayard, 1992
Le vrai rôle du père, Jean Le Camus, Odile Jacob, 2000
La part du père, Geneviève Delaisi de Parseval, Seuil, 1981
Histoire des Pères et de la Paternité, Jean Delumeau et Daniel Roche, Larousse, 2000
La déchirure paternelle, Françoise Hurstel, PUF, 1996
*Famille et parenté dans l'Occident médiéva*l, Didier Lett, Hachette, 2000
Une histoire de l'autorité, Gérard Mendel, La Découverte, 2002
Passeurs de vie, Xavier Lacrois, Bayard, 2004
Les pères et les mères, Aldo Naouri, Odile Jacob, 2004
L'enfant bien portant , Aldo Naouri, Seuil, 1993
Une place pour le père, Aldo Naouri, Seuil, 1985
Qu'est-ce qu'un père, Daniel Coum, Erès, 2004
Père manquant, fils manqué, Daniel Coum, Editions de l'Homme, 1989
La place des hommes, Christine Castelain-Meunier, PUF, 2002
La place des hommes et les métamorphoses de la famille, Chiristine Castelain-Meunier, PUF, 2002
L'oublie du père, Jacques André et Catherine Chabert, PUF, 2004
La séparation des familles, Jean-Marc Guitti, Cerf, 2003
Ces neufs mois-là, Myriam Szejer et Richard Stewart, Robert Laffont, 2002
Sans père et sans parole, Didier Dumas, Hachette, 1999
Et l'enfant créa le père, Didier Dumas, Hachette, 2000
Le Bible et ses fantômes, Didier Dumas, Desclée de Brouwer, 2001
Les enfants de Jocaste, Christiane Olivier, Denoël, 2001
Fille d'Eve, Christiane Olivier, Denoël, 2000

著者紹介――

浅野　素女（あさの　もとめ）

一九六〇年生まれ。上智大学フランス語学科卒業。フランスの家族制度が激動してきた二〇余年間をパリで暮らす。二児の母。ジャーナリスト、エッセイスト。新聞、雑誌、ラジオを通じ、フランス社会の「いま」を日本に伝える。

著書に『フランス家族事情』（岩波新書）、『パリ二十区の素顔』（集英社新書）、『踊りませんか？――社交ダンスの世界』（集英社新書）、『カレ物語――エルメス・スカーフをとりまく人々』（共著、中公文庫）、訳書に『人工生殖のなかの子どもたち』（築地書館）。

フランス父親事情

二〇〇七年四月一〇日初版発行

著者――浅野素女
発行者――土井二郎
発行所――築地書館株式会社
東京都中央区築地七-四-四-二〇一　〒一〇四-〇〇四五
電話〇三-三五四二-三七三一　FAX〇三-三五四一-五七九九
振替〇〇一一〇-五-一九〇五七
ホームページ=http://www.tsukiji-shokan.co.jp/
組版――ジャヌア3
印刷・製本――株式会社シナノ
装丁――吉野　愛

 ISBN 978-4-8067-1341-8 C0036